D1828875

tante ema®

Im Sommer draußen sein

Lieblingsstücke selber nähen

OZ creativ

Inhalt

Lieblingsplätze im Garten 6

Setz dich mitten ins duftende Leben!
Stuhlkissen 8

Lauschige Momente
Blumentischdecke 10

Bierfest? Von wegen!
Biertischhussen 12

Genieß die Pause
Vogelkissen 14

Wünsch Dir was …
Blumentopfstecker 16

Ferientag im Grünen 18

Für das romantische Picknick …
Tulpentasche 20

Da passt alles rein!
Fahrradtaschen 22

Rotkäppchens Korb
Stoffbezug für runden Picknickkorb 24

Einfach lecker
Picknickdecke 26

Kühler Kopf unterwegs!
Sonnenhut 28

Entzückende Gartenhelfer 30

Na endlich!
Wäscheklammerbeutel 32

Die Ärmel hochkrempeln …
Gartengürtel 34

Auf geht's!
Schürze 36

Alles im Eimer?
Eimertasche 38

Blickschutz ganz romantisch
Gardine 40

Endlich ist der Sommer da! 42

Räuberlager oder Prinzessinnenschloss?
Spielzelt 44

Blümchen auf die Blumenwiese
Blumenkissen 46

Hier ist Gute-Laune-Zone!
Wimpelkette 48

Auf in die Ferien!
Kinderrucksack 50

Lieblingsstück!
Tunika 52

Material und Werkzeuge 54
Grundbegriffe des Nähens 55
Nähtechniken 56
Schemata und Zuschneidepläne 59
Impressum, Herstellernachweis 62

Im Sommer draußen sein

Wenn es im Frühjahr wieder wärmer wird, die Vögel zwitschern und unsere Lieblingsblumen bunte Tupfen auf Wiesen und in Gärten malen, ist auch der Sommer nicht mehr weit. Mit aller Macht zieht es uns nun nach draußen, zu den Lieblingsplätzen hinter dem Haus oder auf eine lauschige Lichtung zum Picknick. Auch eine kleine Rundreise mit dem Fahrrad steht auf dem Programm. Und der grüne Daumen verwandelt Garten oder Balkon wieder in ein kleines Paradies.

In diesem Buch werden viele schöne Näh-Ideen für die sommerliche Ausrüstung gezeigt. Zu den zauberhaften Lieblingsstücken gehören Stuhlkissen, Tischdecke und Blumenstecker. Für den Ausflug ins Grüne gibt's eine Fahrradtasche, einen Hut sowie Picknickdecke und Korb. Praktische Helfer, zum Beispiel ein Gürtel für Werkzeug und Samentütchen, sorgen dafür, dass die Arbeit im Garten leicht von der Hand geht und dass nichts Wichtiges verloren geht. Und an unsere größten Schätze, unsere Kinder, ist natürlich auch gedacht. Meine kleine Tochter Charlotte hat alles schon ausgiebig ausprobiert und ist ganz begeistert.

Wie immer sind Anleitungen dabei, die auch für Näh-Anfängerinnen ganz leicht umzusetzen sind. Daneben sind für andere Modelle etwas Erfahrung und Geduld nötig.

Dann also nur noch die Nähmaschine anstellen, das Vergnügen beginnt und der Sommer kann kommen! Und jeder aus der Familie wird Freude an den vielen neuen schönen Dingen haben.

Süße Grüße aus meinem Atelier in Freiburg von

tante ema*

alias Emanuela Pesché

Lieblingsplätze im Garten

Lassen wir uns beim Nähen von dem inspirieren, was wir in der Natur am meisten lieben: von den Blumen, den Schmetterlingen, den Vögeln und den frischen Farben des Frühlings und des Sommers! Für alle Lieblingsplätze im Garten gibt es wunderschöne Näh-Ideen. Am besten also gleich anfangen!

Setz dich mitten ins duftende Leben!

Warum sollen Kissen immer rund oder eckig sein? Dieses Kissen in Tulpenform wird im Garten oder auf dem Balkon mit den Blumen um die Wette strahlen!

Stuhlkissen • **Größe:** ca. 45 x 100 cm • **Vorlagen:** 1a und b in Grau auf Bogen A

Material

- 70 cm gemusterter Baumwollstoff, 110 cm breit (Stoff A, Lehne und Bänder)
- 50 cm gestreifter Baumwollstoff, 110 cm breit (Stoff B, Sitzfläche)
- 20 cm Fleece in passender Farbe, 150 cm breit (Stoff C, Seitenstreifen)
- Füllwatte, ca. 1200 g
- passendes Nähgarn
- wasserlöslicher Markierstift
- Holzstab oder Kochlöffel zum Ausstopfen

Zuschneiden

- Stoff A: 2x Teil 1a im Stoffbruch, 2 Streifen à 4 x 100 cm
- Stoff B: 2x Teil 1b im Stoffbruch
- Stoff C: 1 Streifen à 149 x 7 cm und 1 Streifen à 124 x 7 cm

Nähen

An den Fleecestreifen jeweils die Mitte durch kleine (!) Einschnitte in die Nahtzugaben an beiden Seiten markieren. In das Schnittmuster an den schwarzen Punkten kleine Löcher schneiden und die Punkte mit dem Markierstift auf die rechten Stoffseiten der Oberseiten übertragen. Linien zwischen den Punkten und der Mitte der Ansatznaht aufzeichnen (siehe Vorlage: auf Sitz und Lehne sind nun je 3 Linien, eine verläuft jeweils in der Mitte, entlang des Stoffbruchs).

Teile 1a und b an den Ansatznähten jeweils rechts auf rechts aufeinandernähen, dabei an der Unterseite die Wendeöffnung berücksichtigen.

Stoffbänder an den Längskanten 1 cm nach links umbügeln, dann noch einmal zur Hälfte bügeln, sodass die Bruchkanten aufeinanderliegen. Bruchkanten schmal aufeinandersteppen. Bänder zur Hälfte legen und an den markierten Stellen auf die rechte Seite der Lehnenunterseite legen, sodass die Bruchkanten der Bänder an der Stoffschnittkante liegen.

Fleecestreifen an den Schmalseiten rechts auf rechts zum Ring zusammennähen, Nahtzugaben auseinanderbügeln. Ring rechts auf rechts an die Vorderseite nähen, dabei treffen die Fleecenähte auf die Ansatznaht und die Markierungen auf die obere und untere Mitte. Unterseite ebenso an den Ring nähen, dabei jedoch die Füllöffnungen frei lassen. Nahtzugaben auseinanderbügeln und an den Rundungen in kurzen Abständen bis ca. 3 mm vor die Naht einschneiden. Kissen wenden und die Wendeöffnung von Hand schließen. Ober- und Unterseite deckungsgleich aufeinanderstecken und die eingezeichneten Linien absteppen. Die Ansatznaht bis auf die äußeren 7 cm ebenfalls absteppen.

Das Kissen fest füllen und die Füllöffnungen von Hand schließen.

Lauschige Momente

Diese Tischdecke mit Blumenformen verzaubert jeden einfachen runden Tisch in ein romantisches Plätzchen und lädt zu einem gemütlichen Nachmittag ein.

Blumentischdecke • **Größe:** Ø ca. 82 cm • **Vorlagen:** 2a bis d in Grau auf Bogen A

Material

- 175 x 90 cm Baumwollstoff in Gelb (Stoff A)
- 55 x 55 cm gemusterter Baumwollstoff in Weiß (Stoff B)
- 20 x 20 cm Baumwollstoff in Grün (Stoff C)
- 15 x 15 cm gestreifter Baumwollstoff in Gelb (Stoff D)
- 55 x 75 cm Vliesofix
- 35 cm Spitzenborte, ca. 1 cm breit
- weißes Nähgarn

Zuschneiden

Das Schnittmusterpapier für Teil 2a zur Hälfte falten und mit dem Bruch an die untere Kante der Vorlage legen, Vorlage durchzeichnen und durch beide Papierlagen ausschneiden.

- Stoff A: Teil 2a 2x im Stoffbruch
- Teile 2b, 2c und 2d nebeneinander auf das Vliesofix aufzeichnen, dazu das Vliesofix einfach mit der Papierseite nach oben auf die Vorlage legen und die Linien nachzeichnen, Vliesofix drehen und das nächste Viertel aufzeichnen etc. Teile grob ausschneiden und Teil 2b auf Stoff B, Teil 2c auf Stoff C und Teil 2d auf Stoff D, jeweils auf die linke Seite, aufbügeln. Teile entlang der gezeichneten Linien ausschneiden.

Nähen

Zuerst Teil 2b, dann Teil 2c und 2d mittig auf die rechte Seite einer großen Blume (Teil 2a) bügeln, siehe Seite 58. Um den kleinen Kreis in der Mitte die Borte heften, sodass die gerade Bortenkante genau eine Zickzackstichbreite innerhalb des Kreises liegt. Anfang und Ende der Borte überlappen sich etwa 0,5 cm breit. Die Teile mit Zickzackstich applizieren, dabei die Borte mitfassen.

Die beiden großen Blumen (Teile 2a) rechts auf rechts aufeinanderstecken und mit 1 cm breiter Naht zusammennähen, dabei die eingezeichnete Wendeöffnung frei lassen. Nahtzugaben an den Innenecken zwischen den Blütenblättern und an den Rundungen in kurzen Abständen einschneiden.

Decke wenden und bügeln, dabei die Nahtzugaben an der Wendeöffnung nach links einschlagen. Die Außenkante schmal absteppen und hierbei die Wendeöffnung schließen.

Bierfest? Von wegen!

Aus einer einfachen Biergarnitur zaubern diese Bezüge eine festliche Tafel im Grünen, für das Frühstück, den Kaffeeklatsch am Nachmittag oder das Grillfest am Abend.

Biertischhussen • **Größe:** variabel • **Schemata / Zuschneidepläne:** 3a bis d auf Seite 59

Material

Das Material ist für einen 220 x 50 x 78 cm großen Tisch und 2 Bänke in der Größe 220 x 26 x 48 cm berechnet. Bei anderen Tisch-/ Bankgrößen ändert sich der Stoffverbrauch entsprechend. Falls der Stoff noch einläuft, dies beim Kauf berücksichtigen.

- Stoff 1 bis 9: je 145 cm Baumwollstoff in Blau/Rot/Weiß gemustert, 140 cm breit
- Stoff 10: 55 x 225 cm Baumwollstoff in Rot
- passendes Nähgarn

Zuschneiden

Für die schrägen Streifen der Tisch-Oberseite laut Schema (siehe unten) eine Schablone erstellen. Dazu die Tischbreite plus 2 cm aufzeichnen, von den Endpunkten senkrechte Linien von 16 cm bzw. 10 und 26 cm nach oben und unten zeichnen. Die Endpunkte der Linien entsprechend verbinden. Schablone ausschneiden.

- Stoffe 1 bis 9: Mithilfe der Maßangaben und Zuschneidepläne zuschneiden – Musterverteilung nach Wunsch bzw. Foto
- Stoff 10: 2 Streifen A für die Sitzflächen zuschneiden

Schema Schablone

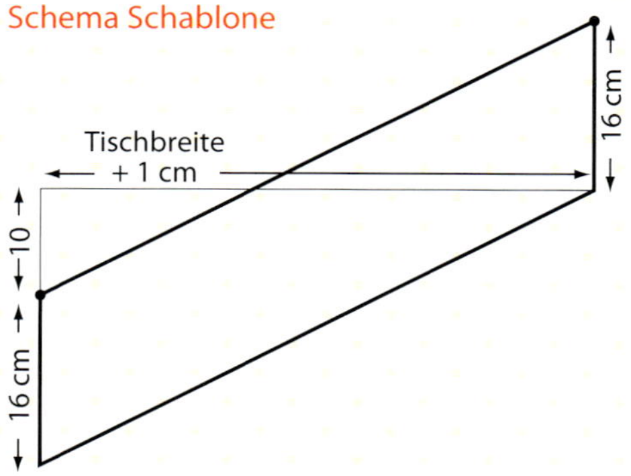

Nähen

Die Seitenteile und Tisch-Oberseite laut Schema zusammensetzen, dazu die Teile jeweils rechts auf rechts aufeinandernähen, Nahtzugaben zusammen versäubern und in eine Richtung bügeln. Die Tisch-Oberseite auf ein Rechteck in Tischgröße plus 2 cm je Seite zuschneiden, hier 222 x 52 cm.

Seiten- und Unterkanten aller Seitenteile jeweils 2x 2cm breit nach links umbügeln und schmal absteppen.

Die Seitenteile rechts auf rechts auf Tisch-Oberseite und Sitzflächen stecken, dabei stehen Tisch-Oberseite und Sitzflächen an den Ecken jeweils 1 cm weit über. Teile zusammennähen, Nahtzugaben zusammen versäubern und zur Sitzfläche/Tisch-Oberseite bügeln. Nähte füßchenbreit absteppen.

Genieß die Pause

Mit diesem süßen Vogelkissen wird es gemütlich. Da ist überhaupt kein Platz für schlechte Laune. Hinsetzen, abschalten und das Leben genießen!

Vogelkissen • **Größe:** ca. 50 x 35 cm • **Vorlagen:** 4a und b auf Bogen A

Material

- 35 x 110 cm gemusterter Baumwollstoff in Pink (Stoff A)
- 15 x 50 cm gestreifter Baumwollstoff in Pink, (Stoff B)
- 135 cm Spitze, ca. 2 cm breit
- 15 x 50 cm Gewebeeinlage F 220
- Füllwatte, ca. 200 g
- passendes Nähgarn
- Sticktwist in Pink

Zuschneiden

Teile wie in den Vorlagen angegeben zuschneiden

Nähen

Einlage auf die linken Seiten der Flügel bügeln. Flügel wie eingezeichnet auf die Vogelteile heften, dabei die Spitze zwischenfassen. Spitze beginnt und endet an der Flügelspitze, die Enden der Spitze nach links umschlagen und unter den Flügel schieben. Flügel mit dichtem Zickzack-Stich aufnähen.

Vogelteile rechts auf rechts aufeinandernähen, dabei die Wendeöffnung frei lassen. Nahtzugaben an den Rundungen in kurzen Abständen und an den Ecken bis dicht an die Naht einschneiden. Vogel wenden, bügeln und ausstopfen. Wendeöffnung von Hand schließen, siehe Seite 58. Die Augen mit 3-fädigem Sticktwist aufsticken.

Wünsch dir was ...

... und flieg mit diesem bezaubernden Schmetterling in alle Himmelsrichtungen. Am besten gleich ganz viele nähen, damit jeder Blumentopf einen bekommt!

Blumentopfstecker • **Größe:** ca. 30 x 28 cm • **Vorlagen und Häkelschrift:** 5a bis e auf Bogen A

Material

- 90 x 30 cm gemusterter Baumwollstoff in Gelb (Stoff A)
- 10 x 20 cm Pünktchenstoff in Grün (Stoff B)
- 15 x 15 cm Pünktchenstoff in Gelb (Stoff C)
- Baumwollhäkelgarn in Weiß, Lauflänge ca. 95 m
- Häkelnadel Nr. 3–3,5
- 2 Knöpfe in Grün, Ø ca. 25 mm
- 2 Holzperlen in Grün, Ø ca. 8 mm
- je 50 cm Satinband in Hellgelb, Gelb, Rosa und Grün, 3 mm breit
- Füllwatte
- Holzstab, ca. 90 cm lang, Ø ca. 15 mm
- weißes Nähgarn

Zuschneiden

- Stoff A: 4x Teil 5a (Flügel, je 2 gegengleiche Teile), 1x Teil 5d (Halterung)

Nähen

Die Halterung an einer Schmalseite 2x 1 cm breit nach links umbügeln und absteppen. Die anderen Kanten 1 cm breit nach links umbügeln und die Halterung laut Markierung auf ein Flügelteil steppen (= Innenseite), die abgesteppte Schmalseite wird dabei nicht festgenäht. Je 2 Flügelteile rechts auf rechts aufeinanderstecken und mit 1 cm breiter Naht nähen, dabei die Wendeöffnung frei lassen. An der Innenecke und an den Rundungen die Nahtzugaben in kurzen Abständen bis dicht an die Naht einschneiden. Teile wenden und bügeln. Den gelben Pünktchenstoff zur Hälfte falten, 2 Kreise 5c aufzeichnen und verstürzen, siehe Seite 57. Den grünen Pünktchenstoff ebenfalls zur Hälfte falten (= 5 x 20 cm), den Schmetterlingskörper aufzeichnen und verstürzen, siehe Seite 56. Flügel leicht und den Körper fest mit Füllwatte ausstopfen. Die Kreise an der markierten Stelle auf die Flügelaußenseiten stecken, schmal absteppen und dabei festnähen. Nach Häkelschrift 5e 2 Stücke Spitze à 9,5 cm Länge häkeln. Die dünne Linie gibt die Häkelrichtung an. Die Häkelspitzen und die Knöpfe von Hand aufnähen. Die Flügel mit den Wendeöffnungen aneinanderlegen, dabei die Nahtzugaben an den Wendeöffnungen nach links einschlagen, mit einigen Handstichen fixieren und auf den Körper nähen, siehe Vorlage, sodass die Wendeöffnung des Körpers verdeckt wird. An der markierten Stelle auf beiden Seiten Perlen aufnähen und dabei die Flügel aufeinander fixieren. An der Flügelkante, siehe Markierung, ebenfalls beide Flügel aneinandernähen. Die Satinbänder zur Hälfte legen und an das Körperende nähen. Den Holzstab in die Halterung schieben.

Ferientag im Grünen

Wer liebt das nicht: Draußen scheint die Sonne, die Laune ist gut und die Familie packt den Picknickkorb für einen fröhlichen Tag an der frischen Luft. Damit auch alles gut verwahrt heil ankommt, gibt es viele wundervolle Näh-Ideen, die die Fahrt ins Grüne zu einem richtigen Ferientag machen!

Für das romantische Picknick ...

... ist diese Tulpentasche das Richtige. Von außen ein Hingucker, innen lauter schöne Überraschungen. Etwas Leckeres zum Naschen? Der Bumerang oder die Federballschläger?

Tulpentasche • **Größe:** ca. 38 x 46 cm (ohne Träger) • **Vorlagen und Zuschneideplan:** 7a bis c in Grau auf Bogen A

Material

Für gestreifte Tasche

- 55 cm blau gestreiften Baumwollstoff, 140 cm breit (Stoff A, Außenstoff und Träger)
- 55 cm Baumwollstoff in Weiß mit Blümchenmuster, 120 cm breit (Stoff B, Futter)

Für helle Tasche

- 55 cm Baumwollstoff in Weiß mit Blümchenmuster, 120 cm breit (Stoff A, Außenstoff)
- 55 cm Baumwollstoff mit grün-blauem Blümchenmuster, 120 cm breit (Stoff B, Futter)
- 50 x 40 cm Baumwollstoff in Türkis mit Kringeln (Stoff C, Träger)

Für beide Taschen jeweils

- 105 cm Vlieseline 630, 90 cm breit
- passendes Nähgarn

Zuschneiden

- Teil 7a und 7b: je 2x aus Stoff A und B (siehe Zuschneideplan 7c auf Bogen A)
- Teil 7a und 7b: 2x ohne Nahtzugabe (= gestrichelte Linie) aus Vlieseline
- Für die Träger: je 4 Streifen à 9 x 48 cm aus Stoff A bzw. C und je 4 Streifen à 3,5 x 48 cm aus Vlieseline

Nähen

Die Vlieseline jeweils mittig auf die linken Seiten der entsprechenden Futter- und Trägerteile bügeln.

Je 2 Trägerteile an den Schmalseiten rechts auf rechts aufeinanderstecken und zusammennähen. Die Seitenteile (Teile 7b) aus Außen- und Futterstoff ebenfalls jeweils rechts auf rechts aufeinanderstecken und zusammennähen. Die Nahtzugaben auseinanderbügeln. Die Träger längs rechts auf rechts zur Hälfte legen und die Längskanten 1 cm breit steppen. Die Nahtzugaben auseinanderbügeln und die Träger wenden, sodass die Naht jeweils in der hinteren Mitte des Trägers liegt.

Für die Außentasche das Seitenteil rechts auf rechts an das 1. Tulpenteil stecken, dabei die Nahtzeichen beachten und annähen. Dann das 2. Tulpenteil entsprechend annähen. An den Rundungen die Nahtzugaben in kurzen Abständen bis dicht an die Naht einschneiden.

Einen Träger wie in der Vorlage eingezeichnet rechts auf rechts auf die Vorderseite und einen auf die Rückseite der Tasche stecken und an der oberen Kante festnähen.

Die Futtertasche wie den Außenstoff zusammennähen, dabei jedoch an einer Seite eine Wendeöffnung offen lassen. Die Futtertasche auf rechts wenden und rechts auf rechts in die Außentasche schieben, sodass die oberen Kanten bündig abschließen. Die obere Kante absteppen. An den Rundungen die Nahtzugaben in kurzen Abständen einschneiden. Die Tasche wenden, die Oberkante 1 cm breit absteppen und die Wendeöffnung von Hand schließen, siehe Seite 58.

Da passt alles rein!

In dieser geräumigen Fahrradtasche ist ausreichend Platz für alles, was für die kleine Reise wichtig ist. Praktisch verwahrt sie das Gepäck und die Hände sind frei zum Radeln!

Fahrradtaschen • **Größe:** ca. 32 x 32 x 30 cm • **Vorlagen:** 8a bis c auf Bogen A

Material

- 70 x 70 cm weiß gemusterter Stoff (Stoff A)
- 35 x 140 cm rot gemusterter Stoff (Stoff B)
- 35 x 100 cm blau gemusterter Stoff (Stoff C)
- 65 x 110 cm blau-rot gemusterter Stoff (Stoff D)
- 90 x 130 cm transparente Tischdeckenfolie (Baumarkt, die Folie wird auf alle Teile als äußere, wasserfeste Schicht aufgenäht)
- 130 x 90 cm Volumenvlies 248
- Klettband: 18 cm Hakenband und 12 cm Flauschband in Rot, jeweils 2 cm breit
- 7,5 m vorgefalztes Schrägband in Rot, fertige Breite = 1 cm
- 70 cm Zackenlitze in Rot
- passendes Nähgarn

Zuschneiden

Das Schnittmusterpapier jeweils zur Hälfte falten und mit dem Bruch an die untere Kante der Vorlage legen, Vorlage durchzeichnen und durch beide Papierlagen ausschneiden.
Teile wie in den Vorlagen angegeben zuschneiden.

- Seitenstreifen à 8 x 86 cm: 4x aus Stoff C, 2x aus Volumenvlies, 2x aus Folie
- Griff: Stoff C: 22 x 10 cm und Volumenvlies 20 x 10 cm
- Haltebänder: Stoff D: 2x 6 x 60 cm und 2x 6 x 45 cm

Nähen

Alle Teile jeweils wie folgt übereinanderlegen und rundum füßchenbreit aufeinandernähen: Stoff (rechte Seite unten), Vlies, Stoff (rechte Seite oben), Folie.
Stoff für den Griff und Volumenvlies links auf links aufeinanderlegen, Stoff an den Schmalseiten 1 cm breit nach links umbügeln. Alles längs zur Hälfte falten (= rechte Stoffseiten liegen innen aufeinander) und an der Längsseite steppen. Griff wenden. Griff und Zackenlitze wie eingezeichnet auf die Taschenklappe aufsteppen.
Haltebänder jeweils rechts auf rechts längs zur Hälfte legen, 1 Schmal- und die Längsseite 1 cm breit steppen, Bänder wenden, Nahtzugaben an der offenen Schmalseite nach innen bügeln und die Bänder schmal absteppen und wie eingezeichnet an die Taschenrückseite nähen. Klettbänder wie eingezeichnet aufnähen. Seitenstreifen links auf links an die Taschenbeutel nähen und die Nähte mit Schrägband einfassen, siehe Seite 56. Oberkanten der Taschenbeutel und Seitenstreifen auch mit Schrägband einfassen. Seitenstreifen mit der anderen Längsseite links auf links an die Taschenrückseite nähen, siehe Vorlage, die mittleren 19 cm der Rückseite bleiben frei. Taschenrückseite und Taschenklappe rundum mit Schrägband einfassen, dabei das Ende des Schrägbands nach links einschlagen und festnähen. Taschenklappe mittig links auf links auf die Taschenrückseite legen und jeweils über der Zackenlitze feststeppen.

Rotkäppchens Korb

Mit dieser genähten Einlage sieht der Picknickkorb aus, als wäre er direkt aus dem Märchen gesprungen! Nicht nur die Großmutter hat ihre Freude dran!

Stoffbezug für runden Picknickkorb • **Größe:** variabel, hier: 33 cm Ø, 22 cm hoch

Material

Bei anderer Korbgröße ändert sich der Verbrauch entsprechend.

- 65 cm Stoff in Blau, 110 cm breit (Stoff A)
- 20 cm Stoff in Weiß, 110 cm breit (Stoff B)
- 35 cm Stoff in Rot, 140 cm breit (Stoff C)
- 3,10 m Spitze in Weiß, ca. 2 cm breit
- passendes Nähgarn

Zuschneiden

- Stoff A: Bodenkreis: Durchmesser = Innendurchmesser des Korbs am oberen Rand + 2 cm, hier 33 + 2 cm = **35 cm**;
  Seitenteil: Breite = Innendurchmesser x 3,14 + 2 cm, hier: 33 x 3,14 = 104 + 2 = **106 cm**;
  Höhe = Korbhöhe (innen) + 2 cm,
  hier: 22 cm + 2 = **24 cm:**
  Seitenteil = 24 x 106 cm
- Stoff B: Abdeckung (= 1 Streifen):
  Breite = Breite des Seitenteils, hier **106 cm**
  Höhe = halber Durchmesser + 3 cm,
  hier 33 cm : 2 = 16,5 cm + 3 = **19,5 cm:**
  Abdeckung = 19,5 x 106 cm
- Stoff C: Rüsche (= 2 Streifen):
  Breite: halbe Breite des Seitenteils x 2,5, hier: 53 cm x 2,5 = **132,5 cm**; Höhe = 10 cm
  Rüsche = 2 Streifen à 10 x 132,5 cm
  Zugband, 4 cm breit: Länge = Breite des Seitenteils + 30 cm, hier 136 x 4 cm
  Haltebänder: 2 Streifen à 4 x 70 cm

Nähen

Seitenteil und Abdeckung an den Schmalseiten versäubern, dann die Schmalseiten rechts auf rechts aneinandernähen, dabei an der Abdeckung für den Kordeldurchzug 2 cm nähen, 2 cm offen lassen und den Rest der Naht schließen. Nahtzugaben auseinanderbügeln, die Kordelöffnung absteppen. Seitenteil rechts auf rechts an den Boden nähen. Abdeckung an der Längsseite mit Kordelöffnung 1 und 2 cm breit nach links umbügeln und schmal absteppen.

Die Rüschenstreifen an den Schmalseiten und einer Längskante 2x 1 cm breit nach links umbügeln. Die Spitze unter die umgenähten Kanten heften, dabei an den Ecken die Spitze in Falten legen. Kanten schmal und füßchenbreit absteppen. Offene Seite der Rüschen einkräuseln, dazu 2 Nähte im Abstand von 0,5 und 1,5 cm zur Schnittkante nähen, Anfangs- und Endfäden nicht verriegeln und hängenlassen. An den Unterfäden ziehen und so den Stoff auf die halbe Breite des Seitenteils minus 4 cm (hier: 49 cm) einkräuseln.

Längskanten der Bänder jeweils 2x 1 cm nach links bügeln und schmal absteppen.

Beide Rüschenstreifen links auf links an die Oberkante des Seitenteils stecken, dabei zwischen den Rüschenstreifen 3 cm Platz lassen und hier die Haltebänder aufnähen. Dazu die Bänder zur Hälfte falten und den Bruch an die Stoffkante legen. Dann die Abdeckung rechts auf rechts über die Rüschenstreifen stecken und alle Stofflagen zusammennähen. Nahtzugaben zusammen versäubern. Zugband durch die Abdeckung ziehen, Bezug in den Korb schieben und eventuell an der Korbkante mit Handstichen befestigen.

Einfach lecker

Frische Luft und Bewegung machen hungrig und auf dieser Picknickdecke schmecken alle mitgebrachten Köstlichkeiten ganz besonders gut.

Picknickdecke • **Größe:** ca. 102 x 132 cm • **Vorlagen und Schema:** 9a bis e auf Bogen B

Material

- 105 x 140 cm Baumwollstoff in Blau mit rot-weißem Muster (Stoff A, Vorderseite)
- 105 x 135 cm Baumwollstoff in Blau mit weißen Punkten (Stoff B, Rückseite)
- 20 x 40 cm gemusterter Baumwollstoff in Rot (Stoff C, kleine Blumen)
- 30 x 30 cm gemusterter Baumwollstoff in Rot (Stoff D, große Blume)
- 10 x 10 cm gemusterter Baumwollstoff in Blau (Stoff E, Mitte der großen Blume)
- 30 x 70 cm Vliesofix
- 4,8 m Zackenlitze in Rot, ca. 2 cm breit
- weißes Nähgarn

Zuschneiden

- Stoff A und B: je 1 Rechteck à 102 x 132 cm
- Teile 9a und b je 1x, Teile 9c und d je 2x nebeneinander auf das Vliesofix aufzeichnen, dazu das Vliesofix einfach mit der Papierseite nach oben auf die Vorlage legen, die Linien nachzeichnen, Vliesofix um 180° drehen, an der Punkt-Strich-Linie neu anlegen und die 2. Hälfte aufzeichnen, dabei zwischen den Teilen ca. 1 cm frei lassen. Teile grob ausschneiden und, jeweils auf die linken Seiten der entsprechenden Stoffe aufbügeln. Teile entlang der aufgezeichneten Linien exakt ausschneiden.

Nähen

Um die Position der Blumen zu bestimmen, das Rechteck aus Stoff A längs und quer zur Hälfte falten und die Stoffbrüche mit den Fingern flachdrücken, sodass sie gut sichtbar sind. Den Stoff wieder auseinanderfalten und die Seiten jeweils zur Mitte falten, sodass sie 1 cm (= Nahtzugabenbreite) über die vorhandenen Stoffbrüche hinausragen. Die Stoffbrüche im Bereich der kleinen Blumen ebenfalls mit den Fingern flachdrücken. Das Schutzpapier von den Blumenteilen abziehen und die Blumen und dann die Blumenmitten mittig auf die Kreuzungspunkte der Stoffbrüche aufbügeln, siehe Schema 9e.

Die Blumen und Blumenmitten mit Zickzack-Stichen applizieren.

Die Rechtecke aus Stoff A und B rechts auf rechts aufeinanderstecken und rundum mit 1 cm Nahtbreite zusammennähen, dabei an einer Seite eine 15 cm große Wendeöffnung lassen.

Die Nahtzugaben auseinanderbügeln bzw. an der Wendeöffnung nach links umbügeln, an den Ecken zurückschneiden und das Plaid wenden. Die Zackenlitze entlang der Kante auf die Unterseite des Plaids heften, sodass auf der Oberseite nur die gebogene Kante zu sehen ist. Dabei 2 cm vor einer Ecke beginnen und den Litzenanfang ca. 1 cm breit nach unten umschlagen, jedoch nicht festheften. An den Ecken jeweils eine kleine Falte legen. Am Ende die Litze ca. 1 cm weit nach oben umschlagen, sodass Litzenanfang und -ende ineinandergreifen. Das Plaid schmal absteppen, dabei die Litze mit annähen.

Kühler Kopf unterwegs!

Mit diesem Sonnenhut sind die Köpfe nicht nur vor zu viel Sonne geschützt, sondern außerdem auch aufs Schönste geschmückt!

Sonnenhut • **Größe:** Kopfumfang 57 bis 59 cm • **Vorlagen und Zuschneideplan:** 10a bis f in Rot auf Bogen A

Material

- 55 x 65 cm Baumwollstoff (Stoff A)
- 35 x 80 cm (Hut mit Blume, siehe unten), 35 x 65 cm (Hut mit Rüsche) Baumwollstoff (Stoff B)
- 20 x 80 cm Baumwollfutter in Weiß
- 35 x 65 cm Volumenvlies H 640
- passendes Nähgarn

Für den Hut mit Blume

- 1 beziehbarer Knopf, Ø ca. 12 mm

Für den Hut mit Rüsche

- 90 cm Zackenlitze in Weiß, 1,5 cm breit
- 60 cm eingefasste Rüschenspitze in Grün, ca. 4 cm breit

Zuschneiden

Teile 10a bis c wie in der Vorlage angegeben zuschneiden, siehe Zuschneideplan 10f. Für die Blume zusätzlich auch Teile 10d und e.

Nähen

Schmalseiten der Teile 10b und c jeweils rechts auf rechts aufeinandernähen, Nahtzugaben auseinanderbügeln. Jeweils Teile 10b aus Futter und Stoff A mit der kürzeren Seite rechts auf rechts an Teil 10a nähen. Volumenvlies auf das Innenteil der Krempe (Teil 10c) bügeln, siehe Foto. Beide Krempenteile an der äußeren Kante rechts auf rechts aufeinandernähen, Nahtzugaben einschneiden und wenden. Beim Hut mit Rüsche Zackenlitze unter die Kante steppen, sodass außen nur die Bogenkante zu sehen ist. Enden der Litze gegeneinander einschlagen.

Außenseite der Krempe und das Hutteil aus Stoff A rechts auf rechts aufeinandersteppen, dabei die Nahtzeichen beachten. Den Hut auf rechts wenden. Das Hutteil aus Futter soweit wie möglich mit der Maschine rechts auf rechts an die Innenseite der Krempe nähen, dann das Futter in den Hut stülpen und den Rest der Naht von Hand mit Staffierstichen schließen, siehe Seite 58. Für den Rüschenhut die Rüsche rechts auf rechts zum Ring schließen und knapp unterhalb der Krempenansatznaht aufsteppen.

Für den anderen Hut aus den Quadraten 2 Blüten nähen, siehe Seite 56. Knopf beziehen und mit dem Knopf die Blüten übereinander an den Hut nähen, siehe Foto.

Entzückende Gartenhelfer

Wer gerne im Garten werkelt, weiß es: Viele Dinge muss man einfach schnell zur Hand haben. Da sind diese Gartenhelfer äußerst praktisch, denn hier kann alles verstaut werden, was griffbereit sein soll. Und außerdem sehen sie natürlich auch gut aus. Also schnell umblättern und inspirieren lassen!

Na endlich!

Es war schon längst an der Zeit, einen Wäscheklammerbeutel zu erfinden, der nicht nur praktisch ist, sondern auch fröhlich aussieht. Da zwitschern alle Vögel im Garten um die Wette!

Wäscheklammerbeutel • **Größe:** ca. 35 x 22 cm • **Vorlagen und Häkelschriften:** 11a bis f auf Bogen A

Material

Für einen Beutel

- 30 cm Baumwollstoff, 120 cm breit, für den Vogel (Stoff A)
- 20 x 50 cm Baumwollstoff für die Flügel (Stoff B)
- 20 x 55 cm Baumwollstoff für Bänder und Zwischenteil (Stoff C)
- 20 x 15 cm Baumwollstoff in Grün für die Blätter (Stoff D)
- passendes Baumwollhäkelgarn, Lauflänge ca. 95 m
- Häkelnadel Nr. 3–3,5
- 35 cm Spitze
- 25 x 25 cm Einlage F 220
- 1 Knopf, Ø ca. 20 mm
- nach Wunsch: 1 kleiner Knopf, Satinband und Sticktwist als Verzierung für die Flügel
- 30 cm Edelstahldraht, Ø ca. 1 mm
- passendes Nähgarn

Zuschneiden

- aus Stoff C: 2 Streifen à 3 x 55 cm

Alle Teile wie angegeben zuschneiden.

Nähen

Die Blätter aus Einlage jeweils auf ein grünes Rechteck bügeln (linke Seite). 1 verstärktes und 1 einfaches Rechteck je rechts auf rechts aufeinanderlegen und an der Kante der Einlage aufeinandersteppen, dabei eine Wendeöffnung lassen. Nahtzugaben einschneiden. Blätter wenden, bügeln, schmal absteppen und die Adern mit Geradstichen aufnähen.

2 Vogelteile rechts auf rechts aufeinanderstecken, die Öffnung absteppen. Stoff etwa 5 mm innerhalb der Nahtlinie aus der Öffnung herausschneiden, Nahtzugaben einschneiden und die Stoffe auf rechts wenden.

1 Flügelteil mit Einlage verstärken, Flügelteile rechts auf rechts legen, zusammennähen und dabei eine Wendeöffnung frei lassen. Nahtzugaben einschneiden und Flügel wenden, bügeln und schmal absteppen. Flügel wie eingezeichnet über die Öffnung nähen, dabei die Spitze zwischenfassen, sodass Anfang und Ende der Spitze unter dem Flügel liegen.

Die Streifen an den Längskanten 2x 7 mm breit nach links umbügeln, dann Bruchkanten schmal aufeinandersteppen.

Das Zwischenteil rechts auf rechts an Vorder- und Rückseite nähen, dabei die Naht genau am Sternchen beginnen und am Dreieck beenden. Vorder- und Rückseite zwischen Dreieck und Sternchen rechts auf rechts zusammennähen, dabei die Bänder wie eingezeichnet mitfassen. Nahtzugaben einschneiden, versäubern und den Vogel wenden. Drahtenden umbiegen, den Draht dem Vogelrücken entsprechend biegen und von innen an die Naht legen. Rücken 1 cm breit absteppen, sodass der Draht fixiert ist. Das Auge und eventuell weitere Verzierungen aufnähen, siehe Foto (Häkelblume nach Häkelschrift 11f auf Bogen B, Yoyo nach Anleitung auf Seite 57 aus 1 Kreis mit 6,5 cm Ø anfertigen).

Häkelblume nach Häkelschrift 11e anfertigen. Blätter mit Häkelblume auf die Bandenden nähen, Blattunterseiten zeigen nach oben, dabei die Bandenden verdecken. Den Knopf mittig auf die Blattunterseiten nähen. Die Bänder 10 cm unterhalb der Blätter 2x mit 2 cm Abstand zusammennähen, sodass ein Knopfloch entsteht.

Die Ärmel hochkrempeln ...

... und den Gürtel mit den praktischen Taschen und dem einfachen Klickverschluss umlegen. Der ist so stabil, dass auch kleine Werkzeuge reinpassen.

Gartengürtel • **Größe:** ca. 58 x 26 cm + Gurtband • **Vorlagen und Zuschneidepläne:** 12a bis j auf Bogen B

Material

- 40 x 90 cm gemusterter Baumwollstoff in Grün (Stoff A)
- 35 x 35 cm Baumwollstoff in Grün mit Pilzen (Stoff B)
- 20 x 40 cm Baumwollstoff in Weiß-grün (Stoff C)
- 95 cm Gurtband in Rot, 25 mm breit
- 1,9 m vorgefalztes Schrägband in Rot mit weißen Punkten (beide Seiten sind zur Bandmitte gebügelt = 2 cm Breite)
- 2x 15 cm Spitze in Weiß, ca. 15 mm breit
- 50 x 25 cm feste Schabrackeneinlage (z. B. S 520 oder Decovil 1)
- 35 x 60 cm Gewebeeinlage F 220
- 1 D-Ring, 35 mm breit
- 1 Nähfrei-Druckknopf in Grün, Ø ca. 12 mm
- 1 Hosenträgerclip
- Steckschnalle und Gurtversteller in Schwarz, für 25 mm breite Gurte
- passendes Nähgarn

Zuschneiden

Teile wie auf den Vorlagen angegeben zuschneiden, siehe auch Zuschneidepläne 12i und j auf Bogen B.

Nähen

Schabrackeneinlage und F 220 auf die linken Seiten der entsprechenden Stoffteile bügeln, außer bei Teil 12d. Schrägband mittig auf das Gurtband stecken, beide Seiten schmal absteppen. Gurtband in 3 Stücke à 52, 14 und 29 cm teilen. Das lange Stück Gurtband durch den Gurtversteller fädeln, das Bandende 5 cm weit links auf links einschlagen und mit Zickzack-Stichen festnähen, sodass der Versteller in der Schlaufe sitzt. Das andere Bandende durch die Steckschnalle und wieder durch den Gurtversteller fädeln. Das 2. Teil der Steckschnalle auf das 29 cm lange Stück fädeln, beide Bandenden links auf links aufeinandernähen. Die Gurtbänder wie eingezeichnet rechts auf rechts auf Teil 12a stecken.

An Teil 12h die Abnäher absteppen. Teile 12c, e und h im Stoffbruch links auf links zur Hälfte bügeln. An Teil 12c Spitze an die Bruchkante steppen. Bruchkante von Teil 12h mit Schrägband einfassen (siehe Seite 56), dabei das 2. Stück Spitze mitfassen. Teil 12e links auf rechts auf ein Teil 12d legen, das 2. Teil 12d rechts auf rechts darüberlegen und die Tasche an den Seiten und unten zusammennähen. An den Rundungen die Nahtzugaben einschneiden. Die Tasche wenden und die Schabrackeneinlage einschieben. Die beiden Teile 12f rechts auf rechts aufeinandersteppen, die obere Kante offen lassen, Nahtzugaben einschneiden und die Lasche wenden. Ein 8,5 cm langes Stück Schrägband an einem Ende 0,5 cm weit nach links einschlagen und wie eingezeichnet auf die Lasche nähen. Das Druckknopfoberteil an der Lasche befestigen, siehe Vorlage. Die Lasche mittig an die Oberkante der mittleren Tasche nähen, das Druckknopfunterteil passend anbringen.

Teile 12b und 12g jeweils links auf links aufeinanderlegen, verstärkte Teile liegen unten. Dann Teile 12c und 12h wie eingezeichnet links auf rechts feststecken, dabei an Teil 12c

die Weite mit ein paar kleinen Fältchen einhalten. Die Seiten- und Unterkanten der Taschen mit Schrägband einfassen, siehe Seite 57.
Die Taschen wie eingezeichnet rechts auf rechts auf Teil 12a stecken, offene Taschenkanten liegen an der Unterkante. Das 2. Teil 12a rechts auf rechts auflegen, Unterkante und Seiten steppen, siehe Vorlage. Nahtzugaben an den Rundungen einschneiden, an der oberen Kante nach links umbügeln. Den Gürtel wenden, bügeln und schmal absteppen, dabei die Oberkanten zusammennähen. Ein 29 cm langes Stück Schrägband quer zur Hälfte falten (= 14,5 cm Länge) und die Seiten schmal absteppen. Den Hosenträgerclip auffädeln, D-Ring auf das 14 cm lange Stück Gurtband fädeln. Bänder jeweils zur Schlaufe legen, sodass die offenen Kanten aneinanderstoßen und nicht an der Kante sondern unten liegen. Die Bänder auf den Gürtel nähen, siehe Vorlage und Foto.

Auf geht's!

Bei dieser Gartenschürze hat die Bauchtasche gleich zwei Fächer. Da ist alles Wichtige griffbereit und nichts kommt durcheinander. Rechts die Samentütchen und links …?

Schürze • **Größe:** ca. 70 x 75 cm (ohne Bänder) • **Vorlagen und Zuschneideplan:** 13a bis i in Grau auf Bogen B

Material

- 75 x 80 cm Punktestoff in Grün (Stoff A)
- 90 x 30 cm Pünktchenstoff in Grün (Stoff B)
- 20 cm Pünktchenstoff in Rosa, 140 cm breit (Stoff C)
- 80 x 25 cm rosa Stoff mit Pilzen (Stoff D)
- 10 x 20 cm Pünktchenstoff in Rot (Stoff E)
- 15 x 20 cm Pünktchenstoff in Weiß (Stoff F)
- Rest Filz in Oliv, 5 x 6 cm
- 10 x 20 cm Vliesofix
- 3 m Schürzenband in Weiß, ca. 2 cm breit
- 3 Blümchenperlen; passendes Nähgarn

Zuschneiden

- Stoff B: 2 Streifen à 2,5 x 51 cm
- Stoff C: 2 Streifen à 4 x 140 cm
- Pilzhaube und Gras spiegelverkehrt auf die Papierseite des Vliesofix aufzeichnen, grob ausschneiden, auf die linken Seiten der entsprechenden Stoffe bügeln und exakt ausschneiden

Die anderen Teile wie in den Vorlagen angegeben zuschneiden

Nähen

Einen 160 cm langen Streifen in Rosa und einen 100 cm langen Streifen in Grün aus den Streifen zusammensetzen, siehe Seite 57. Die Papierschnitte für die Bogenkanten an der Stoffbruchlinie spiegeln. Die Rechtecke für die Bogenkanten und den Stiel verstürzen, siehe Seite 56. Stiel mit Geradstichen auf die Schürze nähen, darüber das Gras aufnähen, die Linien aufsticken und die Pilzhaube aufbügeln und mit Zickzack-Stichen applizieren, siehe Vorlage.

Seiten- und Unterkante der Taschenteile rechts auf rechts aufeinandernähen, Nahtzugaben einschneiden, Tasche wenden. Bogenkante links auf rechts an die Oberkante stecken und die Kante mit rosa Pünktchenband einfassen, dazu das Band an den Längsseiten je 2x 1 cm breit nach links umbügeln und dann wie Schrägband verarbeiten, siehe Seite 56, dabei die Bandenden an den Seiten jeweils 1 cm breit nach links einschlagen. Die Tasche auf die Schürze stecken, siehe Vorlage, und schmal aufsteppen, Oberkante bleibt offen. Bogenkante nach oben klappen und die Tasche in der Mitte senkrecht absteppen.

Belege rechts auf rechts an die Schürze nähen, Nahtzugaben auseinanderbügeln. Schürze an der Oberkante und unterhalb der Belege, jeweils inkl. der Beleg-Schmalseiten, mit den Streifen in Rosa einfassen, siehe oben, die Enden jedoch nicht einschlagen. Offene Belegkanten versäubern, Belege nach hinten bügeln und 3 cm breit absteppen, sodass ein Tunnel entsteht. Grünen Streifen an den Kanten je 0,5 cm breit nach links umbügeln und mittig auf das Schürzenband nähen. Enden des Schürzenbandes durch die Tunnel ziehen, Blümchenperlen aufnähen, siehe Vorlage.

Alles im Eimer?

Jetzt kann sogar der alte Eimer noch gut genutzt werden: einfach die Tasche um den Eimer binden und schon hat der einen Blickfang und außerdem ist alles gut verwahrt!

Eimertasche • **Größe der Taschen:** ca. 14 x 18 cm • **Vorlage:** 14 in Grau auf Bogen B

Material

Für einen Eimer bis 30 cm Ø

- 115 x 20 cm Pünktchenstoff in Blau (Stoff A)
- 25 cm Baumwollstoff in Blau mit Pilzen, 140 cm breit (Stoff B)
- 1,2 m Kordel in Blau, Ø ca. 8 mm
- 40 cm Rüschenspitze in Hellblau-kariert, ca. 2 cm breit
- 20 cm Schabrackeneinlage S 320, 90 cm breit
- passendes Nähgarn

Zuschneiden

- Stoff A: 1 Streifen: 7 cm breit; Länge = Eimerumfang + 1 cm, 4x Teil 14 im Stoffbruch
- Stoff B: je 4 Rechtecke à 16 x 20 cm (= Taschenrückseite) und 16 x 17 cm (= Taschenbeutel)
- Einlage: 2x Teil 14 im Stoffbruch ohne Nahtzugabe (= gestrichelte Linie bei 24 cm Eimerumfang, andere Größen entsprechend), je 2 Rechtecke à 14 x 18 cm (für Taschenrückseite) und 14 x 15 cm (für Taschenbeutel)
- Deko-Pilz, ca. 10 cm groß

Nähen

Streifen an den Schmalseiten rechts auf rechts zum Ring zusammennähen, dabei die mittleren 2 cm für den Kordeldurchzug offen lassen. Nahtzugaben auseinanderbügeln, Kordelöffnung rundum füßchenbreit absteppen. Ring durch Falten in 4 gleichgroße Abschnitte einteilen (1 Abschnitt beginnt an der Naht) und durch (!) kleine Einschnitte in die Nahtzugabe markieren.

Einlage jeweils mittig auf die linken Seiten der entsprechenden Stoffteile bügeln. Je 1 verstärktes und 1 einfaches Taschenbeutel-Rechteck an der Oberkante aufeinandernähen, dabei die Spitze zwischenfassen. Auf rechts wenden, bügeln und Kante füßchenbreit absteppen. Vordere Taschenrückseite (ohne Einlage) mit der rechten Seite nach oben hinlegen, darauf den Taschenbeutel (links auf rechts, untere Kanten schließen bündig ab) und die verstärkte Taschenrückseite (linke Seite oben) legen. Seiten- und Unterkante steppen, Nahtzugaben an den Ecken zurückschneiden, Taschen wenden. An der oberen Kante jeweils die Mitte markieren.

Je 2 Teile 14 rechts auf rechts aufeinanderlegen, an der geraden Kante steppen, wenden, bügeln und füßchenbreit absteppen. Taschen mit der offenen Kante jeweils rechts auf rechts an die Rundung legen, eine Seite des Rings rechts auf rechts darüber feststecken, sodass Taschenmitte, Mitte der Rundung und Markierung am Ring aufeinandertreffen und die Kordelöffnung zwischen den Taschen liegt. Teile aufeinandernähen, Naht bügeln. Offene Nahtzugaben des Rings 1 cm breit nach links umbügeln, Ringkanten aufeinanderstecken und schmal absteppen. Kordel durch den Ring ziehen, Eimertasche über den Eimer legen, Kordel festziehen und verknoten, dabei den Pilz befestigen.

Blickschutz ganz romantisch

Mit diesem weichen Vorhang aus Stoff kommt der Süden in den Garten. Tür auf, frische Luft hinein und alle Insekten bleiben schön draußen.

Gardine • **Größe:** ca. 90 x 194 cm

Material

- 95 cm weißgrundiger Baumwollstoff, 140 cm breit (Stoff A)
- 135 cm gemusterter Baumwollstoff in Grün, 140 cm breit (Stoff B)
- 110 cm gestreifter Baumwollstoff in Grün, 140 cm breit (Stoff C)
- 95 cm Baumwollspitze in Weiß, ca. 2 cm breit
- 105 Plastik- oder Styroporkugeln, Ø 35 mm
- Holzstab, 95 cm lang, Ø 2 cm
- passendes Nähgarn
- Bindfaden

Zuschneiden

- Stoff A: oberer Tunnel: 1x 13 x 94 cm, 6 Streifen à 13 cm Höhe über die gesamte Stoffbreite, 2 Streifen davon halbieren auf 70 cm Länge
- Stoff B: 2 Ansatzstreifen à 6 x 92 cm, 9 Streifen à 13 cm Höhe über die gesamte Stoffbreite, 3 Streifen davon halbieren
- Stoff C: 8 Streifen à 13 cm Höhe über die gesamte Stoffbreite, 3 Streifen davon halbieren

Nähen

An den Streifen die Webkanten abschneiden und jeweils 1 langen und 1 kurzen Streifen an einer Schmalseite rechts auf rechts zusammennähen, Nahtzugaben auseinanderbügeln und den Streifen auf 200 cm Länge kürzen = 15 Streifen. Die Streifen längs rechts auf rechts zur Hälfte falten und die Längs- und Unterkante zusammensteppen. Streifen mithilfe des Holzstabs wenden und bügeln. Jeweils 7 Kugeln in die entstandenen Schläuche schieben und auf unterschiedlicher Höhe fixieren, dazu Bindfäden ober- und unterhalb der Kugeln eng um den Schlauch wickeln und verknoten.

Die Schläuche gleichmäßig verteilt (also mit etwa 5 mm Abstand) rechts auf rechts auf einen Ansatzstreifen stecken, dabei an den Seiten jeweils 1 cm frei lassen. 2. Ansatzstreifen rechts auf rechts darüberlegen und an den Schmalseiten und über den Schläuchen zusammennähen. Die Nahtzugaben an den Ecken zurückschneiden, dann die Streifen wenden und bügeln.

Spitze links auf rechts an die offene, obere Kante des Ansatzstreifens steppen, dabei die Seiten 1 cm weit nach links einschlagen. Tunnel an den Schmalseiten jeweils 2x 1 cm breit nach links umschlagen und absteppen. Tunnel rechts auf rechts 0,5 cm breit oben an die Rückseite des Ansatzstreifens steppen. Offene Längskante des Tunnels 1 cm breit nach links umbügeln, diese Kante vorne auf die Oberkante des Ansatzstreifens heften, sodass die 1. Naht verdeckt wird, und schmal absteppen.

Endlich ist der Sommer da!

Jetzt hält auch die Kleinsten nichts mehr im Haus. Dafür, dass es draußen zum Spielen auch richtig schön wird, sorgen Verstecke und gemütliche Kissen fürs Zelt oder Baumhaus. Und in den luftig-bequemen Lieblingssachen zum Anziehen wird es auch unterwegs nicht zu heiß.

Räuberlager oder Prinzessinnenschloss?

Dieses Zelt lässt sich im Sommer mühelos aufbauen und im Winter ganz praktisch und platzsparend verwahren, das perfekte Versteck zum Mittagsschläfchen im Schatten.

Spielzelt • **Größe:** ca. 130 x 90 x 90 cm • **Schemata:** 15a bis c auf Seite 60; **Vorlagen:** 15e und d in Rot auf Bogen B

Material

- je 110 x 140 cm Baumwollstoff für die Zeltwände (Stoff A und B)
- je 55 x 95 cm Baumwollstoff für die Türen (Stoff C und D, ohne Musterrichtung)
- je 50 x 70 cm für die Vorhänge (Stoff E und F)
- 25 x 140 cm Baumwollstoff in Weiß (Fensterrahmen, Stoff G)
- 3 Holzstäbe à 135 cm und 2 Stäbe à 90 cm Länge, Ø 2 cm
- 10 Ringschrauben, Ø des Rings ca. 8 mm, möglichst dünnes Gewinde
- 6 m passende Kordel, Ø 8 bis 10 mm
- 6 m vorgefalztes Schrägband in passender Farbe zu den Türen
- 2x 2,3 m Spitze mit eingefasster Annähkante, passend zu den Vorhängen
- 4 Klettpunkte (jeweils Flausch- und Hakenseite)
- passendes Nähgarn

Zuschneiden

Teile wie an den Vorlagen/Schemazeichnungen angegeben zuschneiden.

Nähen

Je 1 Tür aus Stoff C und D an der Oberkante rechts auf rechts zusammennähen, Teile links auf links legen und Seiten- und Unterkanten der Türen (gerade Kanten) mit Schrägband einfassen.

Außenkanten der Fensterrahmen (15d und e, lange Kanten) 1 cm breit nach links bügeln. Je 2 Teile 15d und e an den schrägen Kanten rechts auf rechts zu einem Rahmen zusammennähen, Nahtzugaben auseinanderbügeln, die überstehenden Ecken zurückschneiden und nach innen bügeln. Rahmen wie eingezeichnet rechts auf links auf die Innenseiten der Zeltwände stecken und die innere Kante aufnähen. Fensteröffnung in die Zeltwand schneiden, Nahtzugaben an den Ecken einschneiden und den Rahmen auf die rechte Seite wenden. Bügeln und die Außenkante schmal absteppen. Je 2 Vorhangteile rechts auf rechts aufeinanderlegen, bis auf eine Wendeöffnung rundum absteppen, wenden und bügeln. Die jeweilige Spitze rundum unter den Vorhang heften, dabei Spitzenanfang und -ende gegeneinander einschlagen und an den Ecken in Falten legen. Vorhang schmal absteppen. Klettpunkte laut Schema aufnähen. Vorhänge an der Oberkante über die Fenster nähen.

Zeltwände an der Oberkante rechts auf rechts zusammennähen, Nahtzugaben zusammen versäubern und Naht bügeln. Türen an den Seiten rechts auf rechts annähen, dabei wie eingezeichnet 6 cm ab Unterkante Zeltwand beginnen und jeweils ein 60 cm langes Stück Kordel in der Mitte mitfassen, sodass ein Kordelende innen und eins außen liegt. Nahtzugaben versäubern. Im weiteren Verlauf der Naht, unten an den Zeltwänden, die Nahtzugaben 1 cm breit nach links umbügeln und absteppen. Die Unterkanten der Zeltwände 1 und 5 cm breit nach links umbügeln und schmal absteppen. Die Oberkante des Zelts 4 cm breit absteppen.

Ringschrauben in die Enden der Stäbe drehen. Die langen Stäbe an Dach und Boden durch die Tunnel schieben. Die unteren Stäbe mit den kurzen Stäben zu einem Rechteck zusammenbinden. Aufhängekordel anknoten.

Blümchen auf die Blumenwiese

Ein Blumenkissen ist eine Rarität, zwei sind ein Hingucker. Drei ergeben einen kleinen Strauß und mit vielen verschiedenen wird der Garten zu einer fröhlichen Kuschelblumenwiese!

Blumenkissen • **Größe:** ca. 40 cm Ø • **Vorlage:** 16 auf Bogen B

Material

Je Kissen

- 90 x 45 cm gemusterter Baumwollstoff (Stoff A)
- 20 cm Fleece in Weiß, 140 cm breit
- Füllwatte
- weißes Nähgarn

Zuschneiden

- Stoff A: 2x Teil 16 im Stoffbruch, entlang der durchgezogenen Linien zwischen den Blütenblättern einschneiden, Markierungen an den Blütenblättern durch kleine (!) Einschnitte in die Nahtzugaben übertragen
- Fleece: 2 Streifen à 137 x 8 cm

Nähen

Die Fleecestreifen an den Schmalseiten mit 1 cm Nahtbreite rechts auf rechts aneinandernähen, sodass ein Ring entsteht. Nahtzugaben auseinanderbügeln. Zwischen den Nähten an beiden Kanten jeweils im Abstand von 22,5 cm kleine (!) Markierungen in die Nahtzugabe einschneiden (= je 5 Markierungen zwischen den Nähten).

Den Ring rechts auf rechts auf die 1. Blume stecken, dabei treffen die Markierungen des Rings abwechselnd auf die Markierung am Blütenblatt und das Ende des Einschnitts. Ring und Blume mit 0,5 cm Nahtbreite bis auf die Wendeöffnung zusammennähen, dabei am Einschnittende den Fleecestreifen jeweils etwas dehnen. Die 2. Blume entsprechend, jedoch ohne Wendeöffnung, annähen. Das Blumenkissen wenden und fest ausstopfen. Die Wendeöffnung von Hand schließen, siehe Seite 58.

Hier ist Gute-Laune-Zone!

Diese süße Kette zeigt an: Hier beginnt die Kinderwelt! Ob auf dem Balkon oder hoch oben im Baumhaus – Schmetterlinge und Blümchen zaubern allen ein Lächeln ins Gesicht!

Dekokette • **Größe Schmetterling:** ca. 11 x 16 cm • **Länge der Kette:** ca. 130 cm • **Vorlagen:** 17 a bis f auf Bogen B

Material

- 3 unterschiedlich gemusterte Baumwollstoffe in Rosa, je 20 x 25 cm (Stoff A, B und C; Flügel)
- 15 x 30 cm Baumwollstoff in Rosa mit kleinen Punkten (Stoff D; Körper und Blütenmitten)
- 30 x 25 cm Baumwollstoff in Gelb mit großen Punkten (Stoff E; Blumen)
- 15 x 15 cm Baumwollstoff in Gelb (Stoff F; große Yoyos)
- 5 x 10 cm Baumwollstoff in Gelb (Stoff G; kleine Yoyos)
- 140 x 3 cm Baumwollstoff in Grün mit kleinen Punkten (Stoff H; Kette)
- 75 x 15 cm Volumenvlies H 640
- 20 cm Satinband in Grün, 3 mm breit
- 10 cm Satinband in Gelb, 3 mm breit
- 4 Perlmuttknöpfe in Rosa, Ø ca. 15 mm
- 2 Perlmuttknöpfe in Grün, Ø ca. 10 mm
- 2 Holzblumenperlen in Orange, Ø ca. 10 mm
- Sticktwist in Hellgrün
- Füllwatte
- passendes Nähgarn

Zuschneiden

Alle Teile wie an den Vorlagen angegeben zuschneiden.

Nähen

Stoffrechtecke je rechts auf rechts zur Hälfte falten (= Rechtecke aus Stoff A bis C: 20 x 12,5 cm, Stoff E: 13 x 13 cm, Stoff D: 3,5 x 12 cm) und die Vlies-Schmetterlinge bzw. Blumen jeweils mittig auf eine Seite bügeln. Die Stoffe jeweils entlang der Volumenvlieskante mit kleinem Stich aufeinandersteppen.

Die Körperumrisse 3x auf Stoff D aufzeichnen und an der aufgezeichneten Linie entlang mit kleinem Stich steppen.

An allen Teilen die Nahtzugaben an den Innenecken und den Rundungen einschneiden. Jeweils in die Stofflage ohne Volumenvlies die Wendeöffnung einschneiden. Teile wenden und bügeln. Schmetterlingskörper mit Füllwatte ausstopfen. Die Körper rundum mit Staffierstichen (siehe Seite 58) auf die Flügel nähen, sodass die Wendeöffnungen sich verdecken.

2 kleine und 4 große Yoyos (17e und f) arbeiten (siehe Seite 57) und auf die Flügel nähen (siehe Vorlage). Knöpfe und Perlen ebenfalls aufnähen, dabei unter den Perlen jeweils eine „Schleife" aus grünem Satinband mitfassen.

An den Blütenmitten den Rand 0,5 cm breit nach links einschlagen und von Hand mit Vorstichen (siehe Seite 58) mit 2-fädigem grünen Sticktwist festnähen. Mit einer 2. Runde Vorstiche die Blütenmitten auf die Blumen nähen und so die Öffnungen verdecken.

Je ein 5 cm langes Stück vom gelben Satinband zur Hälfte falten und mit einem grünen Knopf in der Blumenmitte annähen.

Die Längsseiten des grünen Stoffstreifens 0,7 cm breit nach links umbügeln, dann den Streifen noch einmal zur Hälfte bügeln und die Bruchkanten schmal aufeinandersteppen. In die Enden des Bands je einen Knoten binden. Schmetterlinge und Blumen abwechselnd von Hand auf das Band nähen, dabei sollte das Band hinter den Köpfen der Schmetterlinge und am oberen Drittel der Blumen entlanglaufen.

Auf in die Ferien!

Wer auf Wanderschaft gehen will, braucht natürlich den richtigen Rucksack. Dieser hier ist extra für Kinder, praktisch mit Klettverschluss und leicht, damit der Rücken nicht zu schwer zu tragen hat.

Kinderrucksack • **Größe:** ca. 25 x 30 cm • **Vorlagen:** 18a bis e auf Bogen B; **Zuschneidepläne:** 18k bis m auf Seite 61

Material

- 60 cm gemusterter Baumwollstoff in Grün, 140 cm breit (Außenstoff)
- 35 cm weißer Baumwollstoff, 140 cm breit (Futter)
- 10 x 10 cm Baumwollstoff in Rot
- 70 cm Volumenvlies H 630, 90 cm breit
- 30 x 25 cm Einlage F 220
- 10 x 15 cm Vliesofix
- 65 cm Spitze in Weiß, ca. 15 mm breit
- 20 cm vorgefalztes Schrägband in Rot
- 4,5 m Kordel in Rot, Ø ca. 5 mm
- 7 cm Klettband (beide Seiten), 2 cm breit
- passendes Nähgarn

Zuschneiden

- Außenstoff, Futter und Volumenvlies laut Zuschneideplänen 18k bis m zuschneiden (Teile a bis c und f bis j)
- Teile 18d und e auf die Papierseite des Vliesofix aufzeichnen, grob ausschneiden und auf die linke Seite des roten Stoffs bzw. auf einen Futterrest bügeln. Teile exakt ausschneiden
- Klappe 18c 1x aus Einlage zuschneiden

Nähen

Einlage und Volumenvlies auf die linken Seiten der entsprechenden Futterteile bügeln. Hakenband auf die Futterklappe nähen, siehe Vorlage. Schmetterlingsfühler mit Zickzack-Stichen auf die Außenklappe sticken, dann Flügel und Körper nacheinander aufbügeln und applizieren. Spitze rechts auf rechts an die Rundung stecken, Spitze zeigt dabei nach innen, siehe Seite 57. Futterklappe rechts auf rechts darüberlegen, feststecken und -nähen. Nahtzugaben einschneiden, Klappe wenden und schmal absteppen.

Die Träger jeweils an einer Schmalseite mit Schrägband einfassen, siehe Seite 56. Die Träger, Schlaufen und den Griff jeweils längs rechts auf rechts zur Hälfte falten, an den Längskanten steppen, wenden und bügeln. Die Träger mittig über die gesamte Länge absteppen, sodass 2 Tunnel entstehen. Je 1,5 m Kordel von der eingefassten Seite durch den Träger ziehen und durch den 2. Tunnel wieder zurückführen. Schlaufen und Griff zur Hälfte legen. Schlaufen, Träger, Klappe und Griff laut Vorlage auf das Rückenteil stecken, dabei liegen die Enden des Griffs nebeneinander. Den Streifen an beiden Längskanten je 1 cm breit nach links umbügeln und wie eingezeichnet aufnähen. Vorder- und Rückseite aus Außenstoff und Futter jeweils rechts auf rechts an den Boden nähen, dabei die Schlaufen auf der Rückseite mitfassen. Nahtzugaben zu einer Seite bügeln und die Nähte schmal absteppen. Seitenteile jeweils rechts auf rechts einsetzen, dabei die Öffnung für die Kordel am Außenstoff (Rückseite) offen lassen. Im Futter eine Wendeöffnung frei lassen. Nahtzugaben auseinanderbügeln, Kordelöffnungen schmal absteppen. Futter- und Außenbeutel rechts auf rechts ineinanderschieben und oben zusammennähen. Rucksack wenden. Oberkante schmal und 1,5 cm breit absteppen. Rest der Kordel halbieren, je Öffnung 1 Stück durch den Tunnel ziehen und die Enden verknoten. Flauschband des Klettverschlusses auf die Vorderseite nähen. Trägerkordeln einziehen und mit Schleifen sichern.

Lieblingsstück!

Schnell genäht, wird dieses fröhliche Kleidchen bestimmt ein Lieblingsstück! Der Schmetterling zeigt, wo vorne ist, und dem Bewegungsdrang sind keine Grenzen gesetzt!

Tunika • **Größe:** 86 • **Vorlagen:** 19a bis f in Rot auf Bogen B

Material

- 60 cm gemusterter Baumwollstoff, 120 cm breit (Stoff A)
- 35 cm Baumwollstoff für Rüschen und Schmetterling, 140 cm breit (Stoff B)
- 3,8 m Zackenlitze oder Spitze, ca. 10 bis 15 mm breit
- 1 Reißverschluss, 25 cm lang
- passendes Nähgarn

Zuschneiden

- für die Rüschen: zwei 105 x 8 cm große Streifen aus Stoff B

Die anderen Teile wie auf den Vorlagen angegeben zuschneiden.

Nähen

Schulternähte an der Tunika und den Belegen (19c und d) versäubern, rechts auf rechts aufeinandernähen und die Nahtzugaben auseinanderbügeln. Belege an der Außenkante versäubern und rechts auf rechts an die Ausschittkante nähen. Nahtzugaben auseinanderbügeln und an den Rundungen in kurzen Abständen bis dicht an die Naht einschneiden. Den verdeckten Reißverschluss in der hinteren Mitte mit 1,5 cm Nahtbreite einnähen, wie auf Seite 58 beschrieben, sodass der Reißverschluss an der Ausschnittkante beginnt. Reißverschluss und Ausschnittkante bügeln, die Schmalseiten des Belegs nach links einschlagen und Ausschnitt und Reißverschluss rundum 0,75 cm breit absteppen.
Die Ärmelrüschen links auf links zur Hälfte bügeln. Die offenen Kanten einkräuseln, dazu 2 Nähte im Abstand von 5 und 15 mm zur Kante steppen und die Fäden am Anfang und Ende hängen lassen ohne die Nähte zu verriegeln. Dann die Unterfäden anziehen und so den Stoff auf eine Weite von 35 cm einkräuseln, die Fältchen gleichmäßig verteilen. Rüsche jeweils rechts auf rechts an die Armausschnittkante nähen, sodass die Rüsche zur Seitennaht hin ausläuft, Nahtzugaben zusammen versäubern. Spitze oder Zackenlitze unter die Bruchkanten der Ärmelrüschen heften und die Bruchkante schmal absteppen, dabei die Spitze/Litze mitfassen.
Die Seitennähte rechts auf rechts schließen, zusammen versäubern und zu einer Seite bügeln.
Die Schmalseiten der langen Rüschenstreifen rechts auf rechts zusammennähen, sodass ein Ring entsteht. Die untere Kante 2x 1 cm breit nach links umbügeln. Litze/Spitze unter die Kante heften und die Kante schmal und füßchenbreit absteppen, dabei die Litze/Spitze festnähen. Die obere Kante des Rings auf die Weite der Tunika einkräuseln, siehe oben. Dann die Rüsche rechts auf rechts an die untere Tunikakante nähen, Nahtzugaben zusammen versäubern und nach oben bügeln. Das Rechteck für den Schmetterling zur Hälfte falten (= 19 x 13 cm) und den Schmetterling nähen, siehe Seite 56. Unter die Kante Litze bzw. Spitze stecken, dabei je Flügel ein Stück Litze/Spitze abschneiden und die Enden unter dem Schmetterling „verstecken". Schmetterling schmal aufsteppen.

Material & Werkzeuge

Nähmaschinen-Nadeln

Die zu verwendende Stärke hängt von Stoff- und Garnstärke ab. In den Herstellerangaben der Nähmaschinen sind entsprechende Tabellen zu finden. Generell gilt: Je höher die Nadelnummer, desto dicker die Nadel. Für feinere Stoffe wie Batist, Seide, Tüll und Taft feine Nadeln, für Baumwollstoffe mittelstarke Nadeln und für festere Stoffe wie Deko- und Möbelstoffe stärkere Nadeln verwenden. Nähmaschinennadeln sind Verschleißteile und müssen immer wieder ausgetauscht werden. Wenn der Faden oft reißt oder das Stichbild ungleichmäßig ist, kann dies an einer schadhaften Nadel liegen.

Garne

Bei der Garnwahl stets auf gute Qualität achten, um reißende Fäden, ärgerliche Knoten, Schlaufen und springende Spulen zu vermeiden. Synthetikgarne sind unverwüstlich, werden auch als „Allesnäher" bezeichnet und leisten gerade zum Einstieg gute Dienste. Daneben gibt es Baumwoll- oder feine Seidengarne.

Stecknadeln, Nähnadeln

Stecknadeln sind unverzichtbar zum Fixieren von Stofflagen aufeinander. Tipp: Stecknadeln immer quer zur Nährichtung stecken, dann kann man sie beim Nähen leichter herausziehen. Zum Heften und für Handstiche immer eine Auswahl Universalnadeln bereithalten.

Schneidelineal, Rollschneider, Schneideunterlage

Teile mit geraden Kanten und Streifen lassen sich damit sehr gut und schnell schneiden. Diese verhältnismäßig teuren Anschaffungen lohnen sich aber nur, wenn man häufig näht.

Maßband und Kreide

Das Maßband ist unerlässlich beim Zuschnitt und bei der passgenauen Näharbeit. Mit Schneiderkreide und wasserlöslichen Markierstiften werden die verschiedenen Schnittteile auf den Stoff aufgezeichnet.

Grundmaterial

- Nähmaschine
- passendes Nähgarn
- Heftgarn
- Nähnadeln, Stecknadeln
- Stoffschere
- Papierschere
- Papier, Bleistift
- Lineal
- Maßband
- Schneiderkreide
- Bügeleisen, Bügeltuch
- Schneideunterlage

Hinweis

Um Wiederholungen zu vermeiden, sind die Grundmaterialien in den einzelnen Anleitungen nicht mehr erwähnt.

Grundbegriffe des Nähens

Stoffbruch

Bei der doppelten Stofflage entsteht eine Faltlinie, die als Stoffbruch bezeichnet wird. Auf einem Schnitt bezeichnet der Stoffbruch die Mitte eines Schnittteils und ist meist als Bruchlinie dargestellt. Dort wird der Stoff gefaltet und die entsprechende Kante des Schnitts ohne Nahtzugabe aufgelegt. An dieser Stelle entsteht keine Naht. Manchmal ist es einfacher beim Kopieren der Vorlage auf Schnittmusterpapier, ein gefaltetes Stück Papier an die Bruchkante zu legen, dann das Papier durch beide Lagen auszuschneiden und so gleich ein komplettes Schnittmuster zu erhalten.

Fadenlauf

Jedes Gewebe besteht aus Kettfäden (längs) und Schussfäden (quer). Der Fadenlauf entspricht der Richtung der Kettfäden und verläuft parallel zur Gewebekante. Der Zuschnitt sollte immer im Fadenlauf erfolgen, damit sich der Stoff nicht verzieht. Falls der Stoff keine Strichrichtung hat, z. B. bei Baumwollstoffen in Leinwandbindung, können Sie, um Stoff zu sparen, auch entlang der Schussfäden schneiden, jedoch niemals schräg dazu.

Waschen und bügeln

Bevor Sie anfangen zu nähen, waschen Sie den Stoff, um späteres Einlaufen zu vermeiden. Den Stoff vor Beginn der Näharbeiten bügeln. Empfindliche Stoffe dabei mit einem sauberen Baumwolltuch bedecken.

Rechte und linke Stoffseite

Jeder Stoff hat eine rechte und eine linke Stoffseite. Die rechte Seite entspricht der Stoffaußenseite. Bei bedruckten Stoffen ist diese leicht zu erkennen, da hier das Muster deutlicher zu sehen ist. Wird ein Stoff rechts auf rechts gelegt, befindet sich die Stoffaußenseite/rechte Seite innen und die („weniger schöne") linke Seite außen. Liegt ein Stoff links auf links, befindet sich die rechte Seite außen und die linke innen.

Nahtzugabe

Wird ein Stoff zu nah an der Kante genäht, reißen Naht und Stoff leicht auf. Deswegen in der Regel beim Zuschnitt eine Nahtzugabe von 1 cm hinzurechnen. In den Vorlagen sind die Nahtzugaben bereits enthalten.

Fadenspannung

Je nach Stoffart muss die Fadenspannung der Nähmaschine reguliert werden, damit keine Garnschlaufen entstehen.

Einlagematerial

Dieses Material verleiht Stoffen Form und Halt. Es gibt Vliese in verschiedenen Stärken, zum Aufnähen und auch zum Aufbügeln. Einseitige Bügelvliese haben eine Klebeseite (= linke Vliesseite), die meist etwas rauer ist und leicht glänzt. Diese auf der linken Stoffseite platzieren. Anschließend das Bügelvlies mit einem Bügeltuch abdecken und nach Herstellerangaben aufbügeln. Der Stoff wird dadurch steifer. Angaben zur Bügeltemperatur sind in der Regel auf das Vlies aufgedruckt. Die Verarbeitung von doppelseitigem Bügelvlies finden Sie unter dem Stichwort „Applizieren mit Vliesofix".

Stoffmengen

Die Stoffmenge wird bei allen Modellen so angegeben wie tatsächlich benötigt. Bei stark einlaufenden Stoffen bitte entsprechend mehr Stoff kaufen. Die Breite entspricht entweder dem handelsüblichen Angebot oder es ist nur das tatsächlich benötigte Maß angegeben, damit man gut sehen kann, ob auch ein Stoffrest noch ausreicht.
Vor dem Zuschneiden immer alle Teile aufzeichnen, sodass man, falls nötig, die Teile noch platzsparender positionieren kann.

Heften und Stecken

Stoffteile immer zuerst mit Stecknadeln fixieren oder rasch von Hand heften. So können die Stoffteile beim Nähen nicht verrutschen oder Falten werfen. Achtung: Stecknadeln quer zur Nährichtung in den Stoff stecken und beim Nähen Stück für Stück herausziehen, sonst kann die Nähnadel abbrechen.

Nähtechniken

Nahtzugabe versäubern

Damit die Stoffkanten nicht ausfransen, sollten die Nahtzugaben versäubert werden. Hierzu eignet sich der Zickzack-Stich oder ein Overlock-Stich. Falls die beiden Nahtzugaben einer Naht getrennt versäubert werden, geschieht dies, bevor die Naht genäht wird. Falls die Nahtzugaben zusammen versäubert werden, wird zuerst die Naht geschlossen und dann werden beide Kanten mit einer Zickzack-Naht versäubert.

Nähte verriegeln

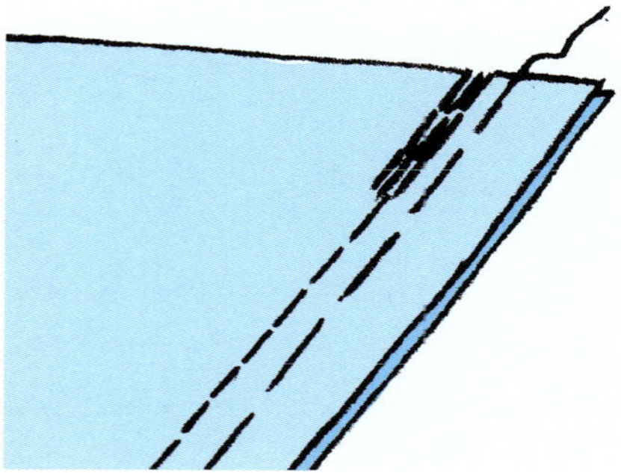

Jede Naht muss am Anfang und Ende vernäht werden, damit sie sich nicht wieder auflöst. Dies nennt man ‚Verriegeln": Am Nahtbeginn drei bis vier Stiche nähen, dann die Rückwärtstaste drücken und drei bis vier Stiche zurücknähen, dann erneut vorwärts nähen. Das Nahtende mit drei bis vier Rückwärtsstichen sichern.

Verstürzte gerade Naht

Stoffe „verstürzen" bedeutet, dass die rechten Stofflagen zunächst im Inneren des Nähguts liegen, die Schnittkanten liegen bündig aufeinander. Anschließend wird die Naht mit einem Geradstich geschlossen und das Teil dann gewendet, sodass die rechten Seiten außen liegen, die Nahtzugaben innen. Bei Ecken ist es wichtig, dass die Nahtzugaben vor dem Wenden schräg abgeschnitten werden, damit sie sich nachher besser legen.
Bei Rundungen die Nahtzugaben vor dem Wenden in kleinen Abständen bis ca. 1 mm vor die Naht einschneiden. So liegt die gebogene Kante nach dem Verstürzen schön flach.

Kleine Teile verstürzen

1 oder 2 Rechtecke nach den Größenangaben zuschneiden. Rechteck rechts auf rechts zur Hälfte legen bzw. beide Rechtecke rechts auf rechts aufeinanderlegen, Nahtlinien mithilfe der Vorlage aufzeichnen und auf der gezeichneten Linie beide Lagen zusammensteppen. Durchgezogene Linien der Vorlage werden nachgenäht, Strichpunktlinien sind Wendeöffnungen bzw. bleiben offene Kanten.
Den Stoff bis auf ca. 5 mm außerhalb der Nahtlinien zurückschneiden, Nahtzugaben an Rundungen und Ecken einschneiden. Teile entweder durch die Wendeöffnung oder durch einen Schnitt in Vorder- oder Rückseite, der durch die weitere Verarbeitung wieder verdeckt wird, wenden. Die Einschnittstelle ist jeweils in der Vorlage eingezeichnet. Teil bügeln.

Schrägband: Gerade Kanten einfassen

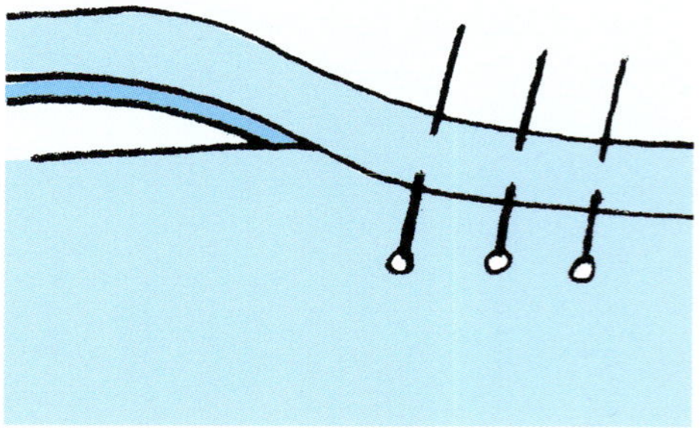

Schrägband ist im Handel bereits vorgefalzt erhältlich. Dieses Band noch einmal zur Hälfte legen und einen Mittelfalz einbügeln. Die

Stoffkante an den Mittelfalz des Schrägbandes schieben und zunächst mit Stecknadeln fixieren. Das Schrägband sollte gerade laufen und auf der Stoffvorder- und -rückseite gleich breit liegen. Anschließend das Schrägband feststeppen.

Schrägband: Ecken einfassen

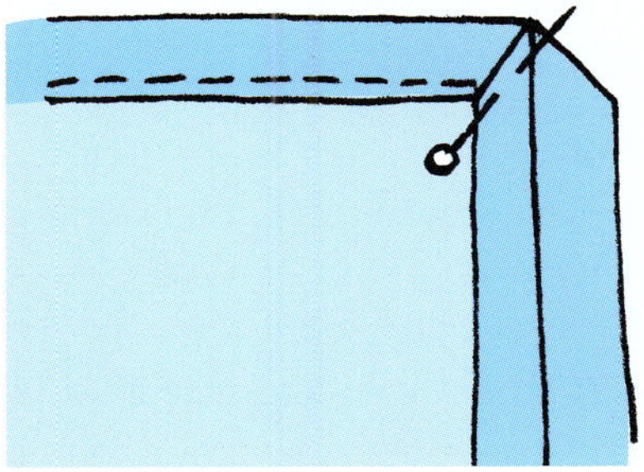

Zunächst die gerade Kante mit vorgefalztem Schrägband einfassen und bis zur Ecke steppen. Dann das Schrägband aufklappen, diagonal falten und feststecken. Die folgende gerade Kante ebenfalls mit Stecknadeln fixieren, dann feststeppen. Bei Rundungen das Schrägband an der Außenkante dehnen und an der Innenkante einhalten.

Einfass-Streifen zusammensetzen

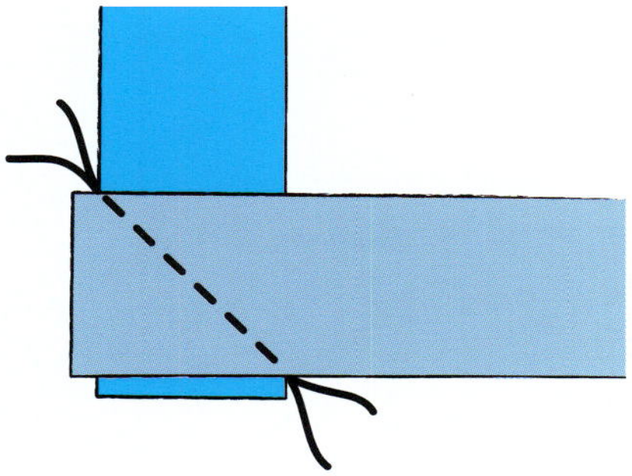

Sowohl gerade zugeschnittene Streifen als auch Schrägstreifen können so zusammengesetzt werden: Beide Streifen im 90°-Winkel rechts auf rechts aufeinanderlegen und im 45°-Winkel zusammennähen. Den überstehenden Stoff bis auf die Nahtzugabe zurückschneiden und die Nahtzugaben auseinanderbügeln. Durch die schräge Naht liegen die Nahtzugaben nicht übereinander, die Einfassung wird flacher.

Spitze annähen

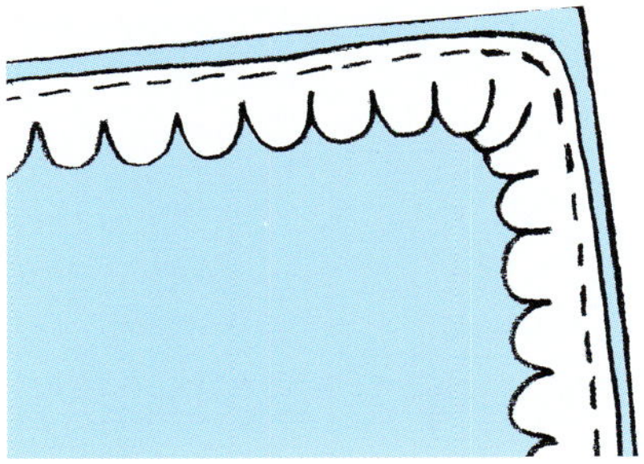

Die Spitze wird rechts auf rechts auf den Stoff geheftet, sodass die gerade Seite der Spitze an der Stoffkante liegt. Eventuell die 2. Stofflage rechts auf rechts feststecken, wenn die Spitze – wie beim Rucksack – zwischen 2 Stoffe genäht werden soll. Dann Spitze und Stoff mit angegebenem Abstand zur Kante zusammennähen, Nahtzugaben an Rundungen und Ecken einschneiden, versäubern und bügeln. Zum Schluss den Stoff nach Anleitung absteppen. Bei Rundungen und Ecken die Spitze an der Außenkante einhalten und an der Innenkante dehnen, sodass die Spitze glatt liegt, wenn sie nach außen umgeschlagen wird.

Yoyos nähen

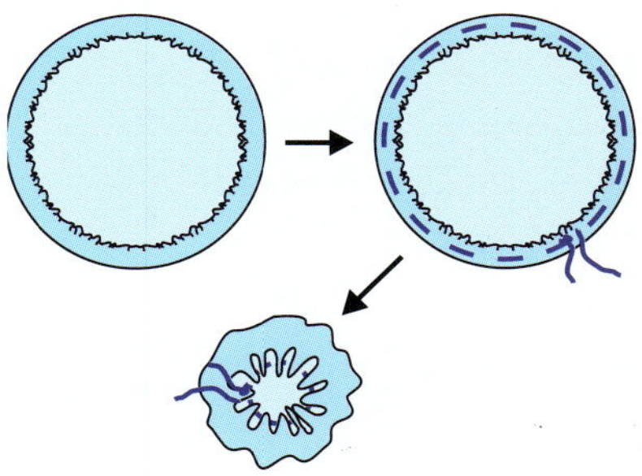

Einen Stoffkreis in angegebener Größe zuschneiden, ringsherum ca. 4 mm Nahtzugabe nach links umschlagen. Auf der Nahtzugabe mit Vorstichen im Kreis nähen, dabei den Nahtanfang mit einem Knoten und Rückstich sichern. Ist der Anfangspunkt wieder erreicht, vorsichtig den Faden anziehen, sodass sich der Kreis schließt. Yoyo flach drücken und in Form zupfen.

Reißverschluss einnähen

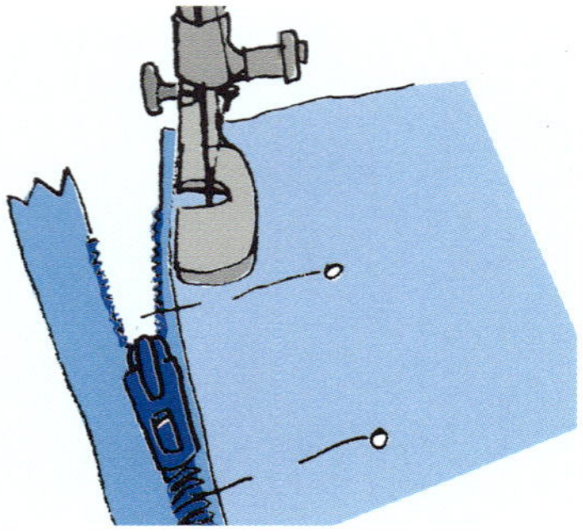

Naht unterhalb des Reißverschlusses schließen, Nahtzugaben auseinanderbügeln und an der Reißverschlussöffnung nach links umbügeln. Reißverschluss unter die Öffnung heften, sodass die Bruchkanten über den Reißverschlusszähnen aneinanderstoßen. Reißverschlussfuß in die Maschine einsetzen und die 1. Seite des Reißverschlusses festnähen.

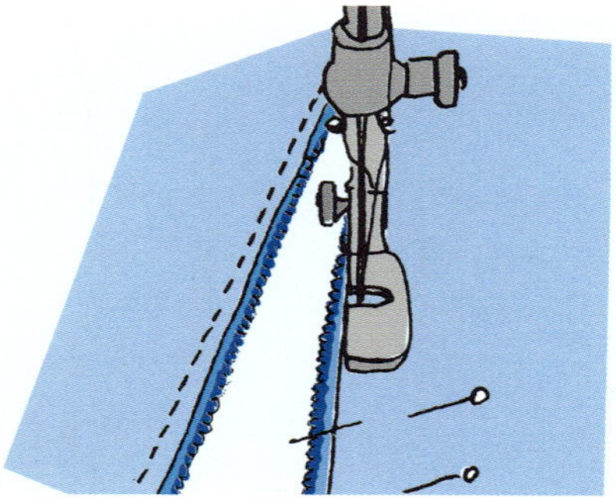

Am unteren Ende des Reißverschlusses die Nadel im Stoff lassen, das Füßchen heben, den Stoff drehen und quer zur 1. Naht zur 2. Seite nähen. Die Nadel wieder im Stoff lassen, das Füßchen heben, den Stoff erneut drehen und die 2. Seite festnähen.

Applizieren mit Vliesofix

Doppelseitiges Bügelvlies hat eine Papierseite und eine leicht glänzende Klebeseite und wird von beiden Seiten aufgebügelt: Da es durchscheinend ist, kann man es einfach über die Vorlage legen (Papierseite oben) und das Schnittteil mit Bleistift aufzeichnen. Bügelvlies großzügig zuschneiden, mit der glänzenden Seite auf die linke Stoffseite legen und von der Papierseite her aufbügeln. Das Motiv ausschneiden.
Anschließend das Papier vom Bügelvlies abziehen und das Motiv mit dieser Seite auf dem Trägerstoff platzieren. Die Applikation aufbügeln und mit einem engen Zickzackstich aufnähen.

Handstich: Staffierstich

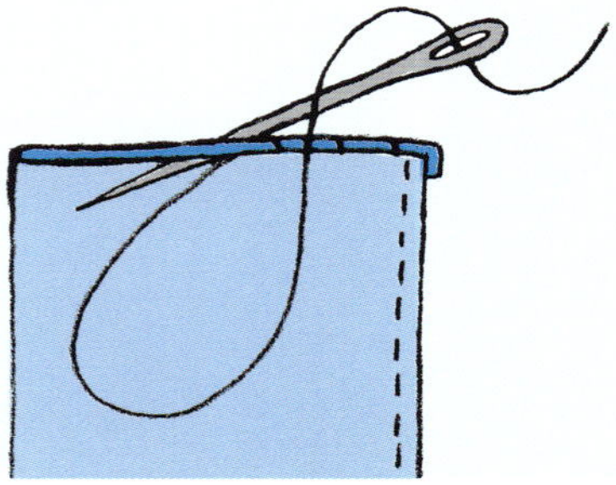

Gearbeitet wird von rechts nach links. Mit der Nadel an der vorderen Kante ausstechen. Auf gleicher Höhe in die hintere Kante einstechen und die Nadel durch den Stoff nach links führen. Aus der hinteren Kante ausstechen und auf gleicher Höhe in die vordere Kante einstechen, sodass jeweils nur ein ganz kleiner Stich sichtbar ist.

Handstich: Heftstich/Vorstich

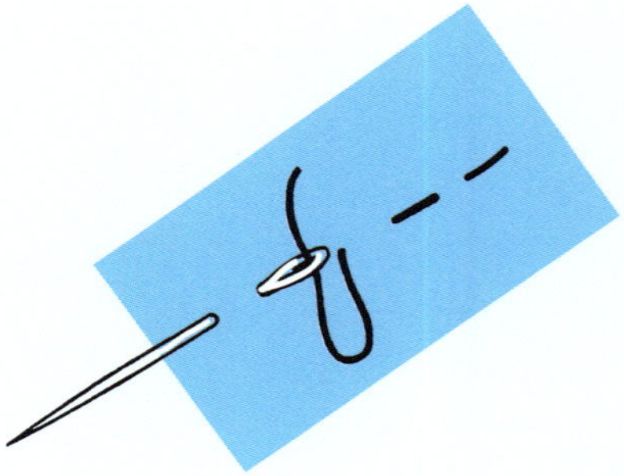

Zum Heften einfach von oben nach unten durch die Stofflagen stechen und ein Stückchen weiter von unten nach oben ausstechen. Dieselbe Naht kann auch als Ziernaht gearbeitet werden. Dann wird der Stich Vorstich genannt.

Schemata und Zuschneidepläne

3a
Schema Bankhussen
(2 Stück)

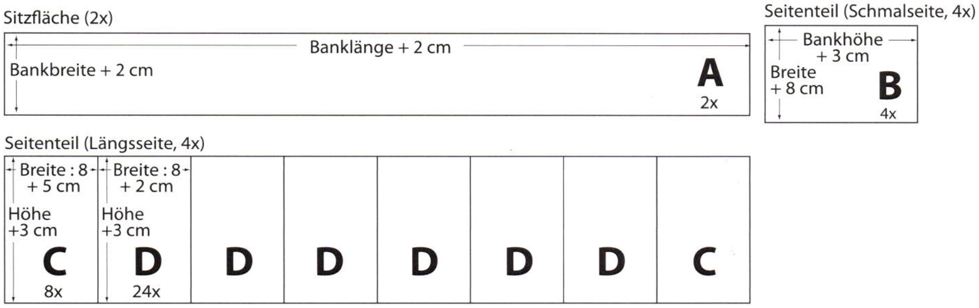

3b
Schema Tischhusse

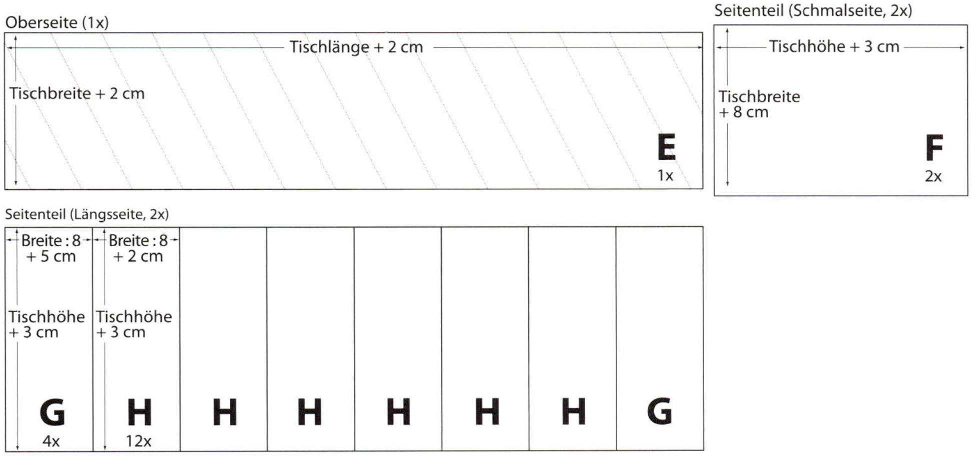

3c
Zuschneideplan
Stoff 1 bis 8

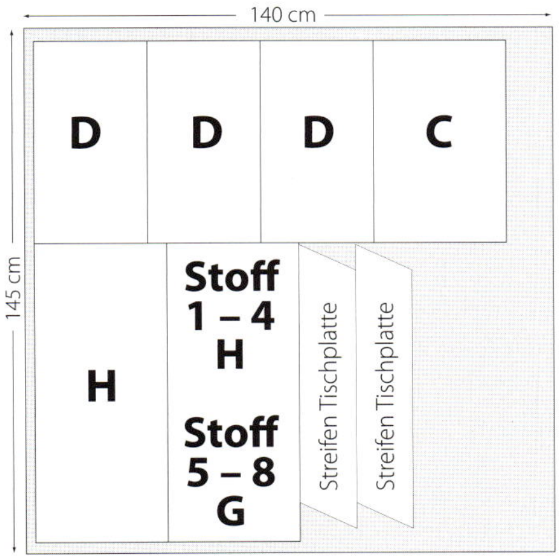

3d
Zuschneideplan
Stoff 9

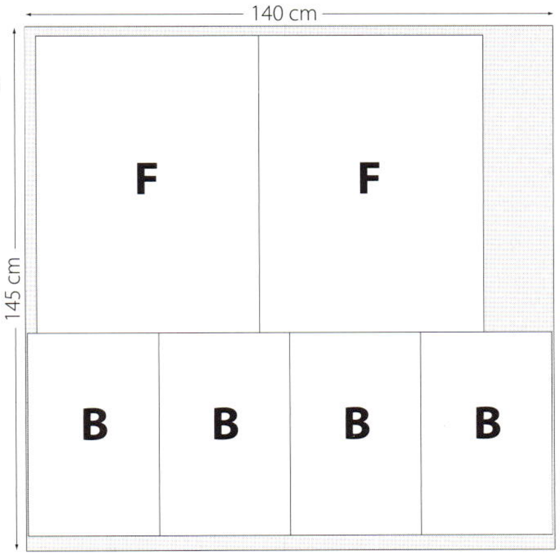

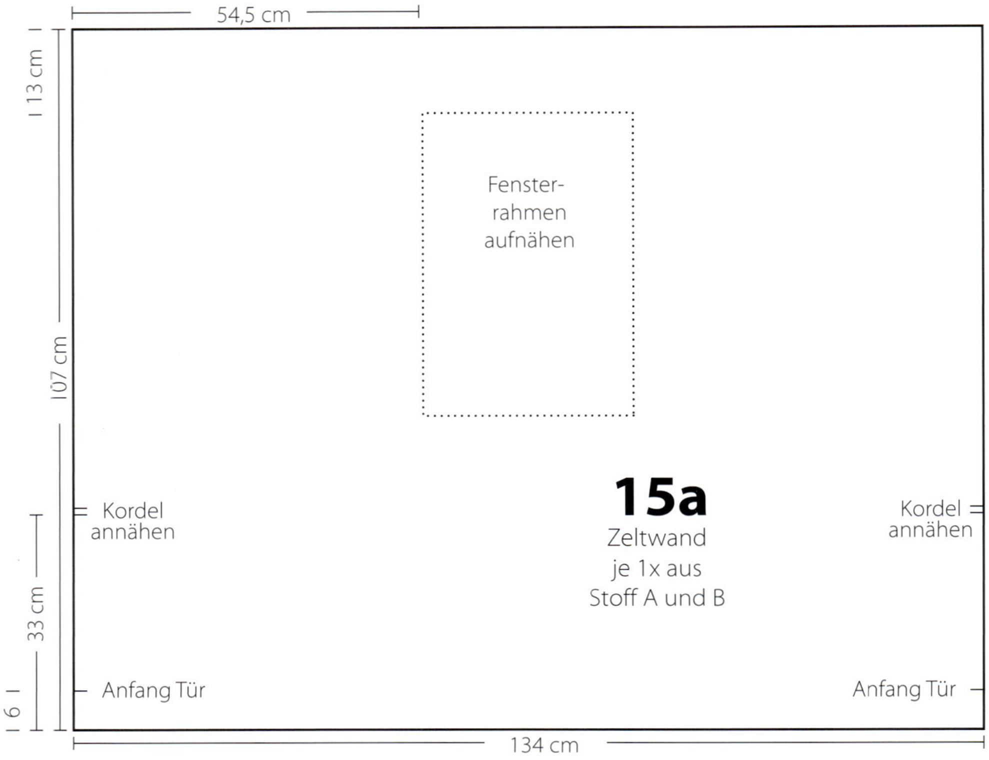

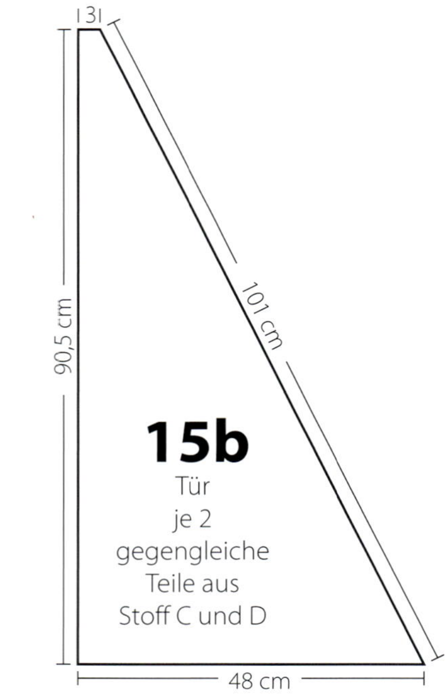

Obere Punkte:
Flauschseite auf die
Außenseite nähen

Untere Punkte:
Hakenseite auf die
Innenseite nähen

18k
Zuschneideplan Außenstoff

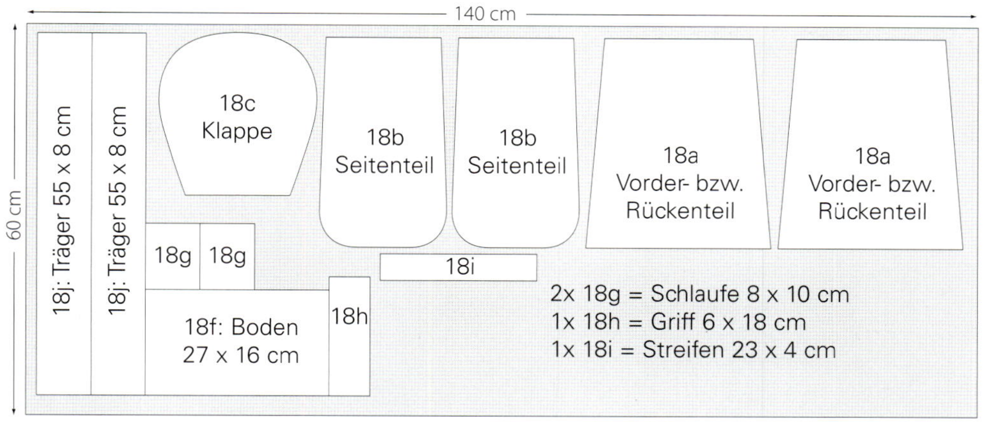

18l
Zuschneideplan Futter

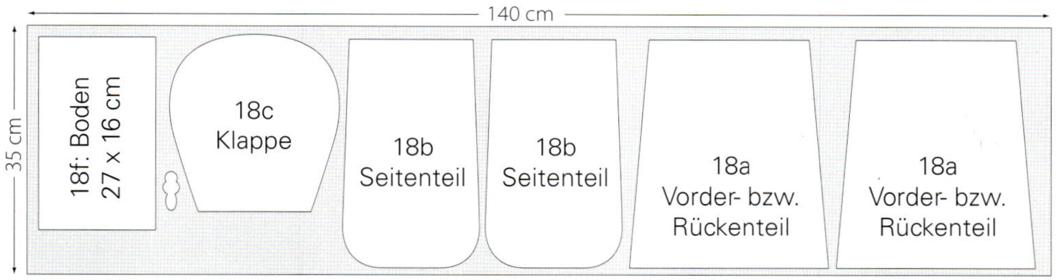

18m
Zuschneideplan Volumenvlies

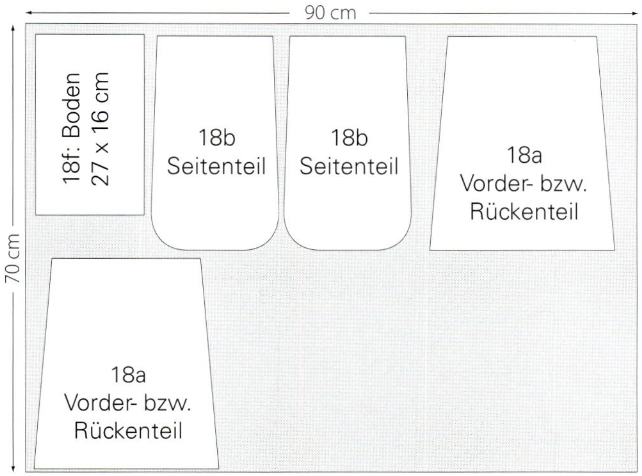

Impressum

Autorin: Emanuela Pesché, alias tante ema, Gundelfingen
Lektorat und Schnittzeichnungen: Beate Schmitz, Stegen
Fotos: UZwei, Uli Glasemann, Offenburg
Styling: Elke Reith, Offenburg
Model: Charlotte Pesché, Gundelfingen
Gesamtproduktion: GrafikwerkFreiburg
Reproduktion: Meyle + Müller GmbH & Co. KG, Pforzheim
Druck und Verarbeitung: Bilnet Printing, Istanbul

ISBN 978-3-8410-6140-9
Art.-Nr. OZ6140

Herstellernachweis, Bezugsquellen

tante ema Deutschland
www.tanteema.com

Stoffe Hemmers
www.stoffe-hemmers.de

Freudenberg Vliesstoffe KG, Weinheim
www.vlieseline.de

Rayher Hobby GmbH
www.rayher-hobby.de

Autorin und Verlag bedanken sich ganz herzlich bei den oben genannten Firmen und bei der Firma Hild Radwelt (www.hild-radwelt.zeg.de)!

Danksagung

Ganz herzlich bedanken möchte ich mich bei all meinen „tante-ema"-Mädels und -Jungs, die mir tatkräftig zur Seite standen: Stephanie Nowack, Katharina Pradel, Charlotte & Raphael Pesché, Maria Fechete und Anke Jörger!